THE NATURE OF ECONOMIC ACTIVITIES
经济问题的本质

如何走出困境

HOW TO DEAL WITH RECESSIONS

中央编译出版社
CCTP Central Compilation & Translation Press

马泽昊————————著

图书在版编目（CIP）数据

经济问题的本质：如何走出困境／马泽昊著. —
北京：中央编译出版社，2024.4

ISBN 978-7-5117-4630-6

Ⅰ. ①经… Ⅱ. ①马… Ⅲ. ①经济学 – 研究
Ⅳ. ①F0

中国国家版本馆 CIP 数据核字（2024）第 046154 号

经济问题的本质：如何走出困境

责任编辑	周孟颖
责任印制	李　颖
出版发行	中央编译出版社
网　　址	www. cctpcm. com
地　　址	北京市海淀区北四环西路 69 号（100080）

电　　话	（010）55627391（总编室）	（010）55627318（编辑室）
	（010）55627320（发行部）	（010）55627377（新技术部）

经　　销	全国新华书店
印　　刷	佳兴达印刷（天津）有限公司
开　　本	710 毫米×1000 毫米　1/16
字　　数	199 千字
印　　张	16
版　　次	2024 年 4 月第 1 版
印　　次	2024 年 4 月第 1 次印刷
定　　价	68.00 元

新浪微博：@中央编译出版社　　　**微　　信**：中央编译出版社(ID: cctphome)

淘宝店铺：中央编译出版社直销店(http://shop108367160. taobao.com)　（010）55627331

本社常年法律顾问：北京市吴栾赵阎律师事务所律师　闫军　梁勤

凡有印装质量问题，本社负责调换，电话：(010) 55627320

献给我的父母

推荐序

刘澜飚[*]

在历史的长河中，不同的国家、地区，都遇到了不同方面、不同程度的经济问题困扰。

回顾美国大萧条的历史，从 1929 年到 1933 年的时间里，美国工业产出下降了 37%，价格水平下降 33%，名义 GDP 下降 50% 以上，这不仅导致了美国经济的深度衰退，而且波及整个世界，重新点燃欧洲一战遗留下的矛盾，为纳粹主义滋生提供了土壤，最终引发了第二次世界大战。工业时代后，理解经济及解决经济问题，一直是各个经济体的孜孜追求。

如何应对棘手的经济问题？如何实现好的经济？

有关经济衰退的文献浩如烟海，政府、学者、从业人员对经济问题都有不同的理解，比如"债务通缩理论""金融加速器理论""资产负债表衰退理论"等。

想要解决问题，需要了解问题的本质。

首先，本书分析了经济的本质。经济活动中，人们利用稀缺资源去生产商品或提供服务，经济的本质是商品的生产、交换、消费，这是经济的底层框架。经济活动的底层逻辑，是"分工生产"与"交换

---

* 刘澜飚，南开大学金融学院教授。

经济问题的本质
如何走出困境

消费"，它们是经济大厦的地基。在现代，大部分经济体组织上述经济活动依靠"市场"。经济是一部复杂精密的机器，它主要依靠价格信息及一系列"市场机制"协调个人和企业的各种经济活动。

其次，关于经济波动问题，本书给出的解释是：经济在底层就具有一定的不稳定因素，比如经济人的行为、市场自我调节问题等，这些不利因素都造成了经济循环不足。例如，经济人的自利行为不但带来市场有效，也会带来群体经济低效，甚至是群体经济紊乱。人们加大储蓄应对未来，结果是造成经济的负向乘数，群体的低效会反作用于个人利益。又比如，通过货币进行商品交换，货币作为交换手段，交易过程是割裂的。当获得货币收入时，人们并不一定用于下一期的投资或消费。经济产生储存货币的倾向（避险情绪）会导致经济的收缩。

本书认为经济的底层逻辑是"分工生产"与"交换消费"，而这两个方面都存在内生的不稳定性。社会的演进导致分工不断发生变化，当社会对你所从事的产品生产或服务的需求减小，就需要进行分工的调整。

此外，债务累积、财富分化等问题会导致有效需求不足。以财富分化来说，当钱都集中到社会上层群体那里时，普通人的支出就受限了，贫富差距让社会帕累托改进难以继续，除非有人刻意干预。高收入者边际支出率要明显低于低收入者的边际支出率，整体支出不足导致经济循环的弱化。且低收入者往往具有较少的实物资本与人力资本，需要将大量精力放到维持生存上，在未来难以创造更多价值（换取收入），分化导致矛盾爆发。

最后，本书提出了"修复经济交易关系"的核心观点，对于经济体处理经济问题提供了有力的参考。经济问题始终是一个循环的问题。

本书汲取了众多学者的研究思想，认为经济治理既要借鉴凯恩斯的"有效投资"，也需要吸收奥地利学派的市场"自我恢复"理论，也就是说经济肌体出了问题，既要用对药、用对剂量，也要依靠自身的免疫系统。

经济衰退，永远不会单单只是经济问题。修复经济交易关系，需要修复社会心理，需要通过有效投资带动合理的预期收益率，需要建立一个更加完善的金融体系。经济不仅仅是冰凉的 GDP 数字，它应该是有温度的，它是社会活动的表现方式之一，与社会整体不可分割，因此要把经济问题放回到社会中去，通过协调社会政治、社会心理、人的行为等各个方面去解决经济问题，而不是就经济论经济。

本书认为，要实现好的经济，就要在整个社会环境中综合考虑经济问题，而不是头痛医头，脚痛医脚；要联系社会治理及心理治理，合理运用货币政策、财政政策推动经济活动；还要发挥行政调动作用，组建新型的经济组织，千方百计去吸纳失业人员。

2023 年 10 月 18 日

‖ 自 序 ‖

经济欣欣向荣是每个人的期盼。

而经济萧条或危机会带来很多伤害，会降低人们的福利水平，引发群体负面情绪，激化社会矛盾，甚至导致战争。

对于家庭来说，如果家庭成员收入减少，甚至是失业，那么这个家庭的基本开支就会收缩，会影响子女的教育质量，降低个人生活水平，可能支付健身卡和孩子课外班的费用都会显得力不从心，并无力再负担保姆费用；更有甚者，可能食物数量及质量也会受到影响，产生无尽的家庭矛盾与争吵。例如：20 世纪 90 年代泡沫危机后，日本家庭陷入债务困境，40 多岁青年人不得不与父母同住。

对于企业来说，在萧条中破产是再普通不过的事情。2007 年 8 月，德国海德堡水泥集团以 80 亿英镑收购了英国建材公司，随后次贷危机刺破了房地产泡沫，海德堡水泥作为建筑材料商销量大幅下跌，并欠下 120 亿欧元的巨款，企业主阿道夫在愤懑和抑郁中自杀。当企业发不出工资的时候，大家都在问，"钱"去哪里了？

对于国家来说，经济争端、财政危机往往是孕育战争的重要因素。没有接触过战争的人，无法理解它的残酷，战争画面是裸露在林地里的零散尸体，是爸爸抱着孩子声嘶力竭的哭喊，人们会在战争中受尽折磨。第一次世界大战中，实际战斗死亡人数大约是 800 万，还有 700

万人在战争中成了残疾，这些人基本都处于最好的年纪。

对于政策制定者、企业主或学生等不同背景的人，了解经济萧条的底层逻辑都有裨益，能够让我们做出更优的决策，更快地走出经济困境。经济问题并不是当代社会独有的现象，历史上经济危机的基本规律与现代并无太大差异。

但是，解决经济萧条问题或危机绝非易事。

我们发现，经济问题还是一脉相承的，会为一系列的历史事件埋下种子。

例如：从太阳王路易十四开始，法国财政危机一直没有得到妥善解决，并最终成为法国大革命爆发的导火索。

路易十四是一个好战、集权的君主，自23岁开始亲政，直到1715年去世的54年里，他发动了遗产战争（1年）、法荷战争（6年）、大同盟战争（9年）、西班牙王位继承战争（13年）。我们并不关心战争细节，需要说明的是，战争需要消耗大量财政资金，就如汉武帝征伐匈奴一样掏空了国库。

1715年，新登基的路易十五年仅7岁，摄政王奥尔良公爵负责辅佐年幼的小路易处理国家事务。连年的征战、修建浩大的凡尔赛宫、收藏古董，任性的路易十四并不过多地考虑财政承受能力，只是在他死后，法国的财政早已经捉襟见肘。

当时法国政府债务大约是20亿里弗尔（livre，法国的古代货币单位名称），而每年财政收入只有1.45亿里弗尔，两者差不多是14倍，政府债务利息就高达1亿里弗尔，财政在用于基本行政花费后根本无力负担利息支出，更别说偿还本金了。

这时约翰·劳（John Law）登场了，他是一个有一定经济学识、激进、健谈、爱好赌博的社会青年。他向摄政王奥尔良公爵推荐了一个解决财政危机的办法：**发行纸币**。约翰·劳向公爵说明，通过发行纸币扩大货币供给能够降低社会的利率水平，并刺激经济产出，他认为充分利用国家的生产力，就不会发生严重的通货膨胀。他的建议类似于当下的**货币宽松**政策，他还指出发行的纸币需要由贵金属或土地作为价值支撑（维持币值稳定），这是非常先进的金融思想，类似于金本位的雏形。

简单来说，约翰·劳成功让法国人接受了纸币，并将居民手中的20亿国家债券置换成了纸币或密西西比公司的股权（早期的债转股）。**这实质上已经解决了当时的财政危机，并促进了经济繁荣。但贪婪并没有止步，奥尔良公爵认为只要加大纸币的印刷，就可以获得源源不断的财富。**

1717年8月，在奥尔良公爵的授意下密西西比公司成立，它经营着北美密西西比河、路易斯安那州等地的奴隶、烟草等贸易。为了更多地募集资金，密西西比公司的盈利能力被夸大，这使它的股票备受追捧，不断地增发也止不住人们投机的热情，股价最终上涨到了1万元每股，是原始发行价格的60倍。

大量印刷的纸币购买密西西比公司股票催生了巨大的泡沫，当一位贵族无法将纸币兑换成硬币时，终究引发了人们对纸币的不信任，股价也在最高点开始崩溃。一些精明的投机商人早已卖光股票，并将纸币兑换为（稀缺的）硬币，超发造成了纸币的大幅度贬值，人们开始囤积金属货币，纸币的信用消失了（成为一团废纸）。这场经济危机把法国各个阶层都卷了进来，股票崩溃让大量人财富缩水，经济严重崩坏，这就是著名的"密西西比泡沫"。

好不容易建立起来的纸币信用，最终还是被贪婪给毁坏了。

密西西比泡沫贻害无穷，让法国之后50年的经济始终没有起色，工业经济发展缓慢，专制王权日趋衰落。直到路易十六时期，面对严重的财政危机，路易十六不得不同意召开已经关闭175年的"三级会议"，决定进一步加征税收，民间与政府的矛盾进一步激化。由此，1789 年，法国爆发大革命。

我们看到，历史有着自己的韵脚，经济崩溃会将整个社会无声无息地拖入困境。我们发现，经济危机与法国大革命的关系，以及 1929 年美国大萧条与第二次世界大战的关系，逻辑是一致的。

人类历史，也是一部经济史。经济活动是社会最重要的呈现方式，富足的物质生活能促进社会的稳定和繁荣，"仓廪实而知礼节，衣食足而知荣辱"；而贫穷不但降低人们的幸福感，还会引发一系列的社会问题，比如经济萧条造成社会犯罪率升高。

时至今日，各种形式的经济衰退或危机并没有消失，它们始终是社会的顽疾。当下，病毒、地缘战争对本处于泥泞中的全球经济造成进一步伤害，衰退、混乱、冲突在部分地区中凸显，不满和怨恨的情绪在社会中弥漫，这让我们想起了 1918 年的西班牙流感以及后续的经济危机。现实总是一次次地提醒我们：生活从来都不是那么容易。

对于经济、金融专业的研究者，解释经济危机或金融危机总是充满吸引力，找到背后逻辑的心情类似于解开一个谜题的快乐。然而对于经济危机这个顽疾，我们始终没有找到完美的药方，不同经济学家的解释总是难以完全让人信服，经济模型与现实又太过遥远。

我们感受到，经济问题研究应属于社会科学范畴，找到真理的途径一定不是拘于象牙塔，而是到企业去，到金融机构、监管部门去，必须实践才能感同身受地理解经济与金融问题；这与自然科学研究路径有所区别，物理学等科学倚重于实验室去发现看不见的逻辑，而对于经济原理的理解非常依赖于社会实践活动，依赖于历史经验。

本书的主旨是剖析经济衰退或危机的发生机制，提出应对措施。以史为镜可以知兴替，尽管我们不能 100% 掌握经济危机发生的根本原因，更不能 100% 准确预测未来经济结果，但我们可以通过历史经验对

自　序

经济问题加以分析，总结规律，找出导致经济危机发生的具体因素，最终打磨出更加精准的施策方针，减少危机带来的损失并缩短危机影响的时长，促进经济健康发展。

　　本书的主要结构为：第一部分简要分析经济的内涵及基本逻辑，为后文打下基础；第二部分描述最典型的经济危机——1929 年的美国大萧条；第三部分是一些学者对于大萧条及经济危机的分析及思考；第四部分是对经济危机本质的探索，分析经济危机的一般原理与基本逻辑；第五部分提出尝试应对经济问题的一些手段；第六部分主要对全书做一个总结。

目录

目　录

第一部分　经济与经济危机

经济，是人利用稀缺资源去生产商品或提供服务，并进行交换和消费的活动，经济的本质是商品的生产、交换、消费，这是经济的底层框架。

想要深入理解"经济危机",首先需要理解"经济"以及"经济的运作方式"作为基础。

不同背景的人,对于"经济(economy)"都会有一个依赖于自身经验的概念理解。总的来说,经济不仅仅是各国的 GDP 数字,它是社会活动的表现方式之一,社会活动最重要的表现方式可能就是经济生产活动。社会活动过程作为整体是难以割裂的,而经济是展现社会的一个维度,其他的维度还包含政治、宗教、文化、法律等。

熊彼特在《经济发展理论》中提到,社会发展过程实际上是不可分割的整体,研究者只是抽象地提取经济的概念。社会的每时每刻,人类社会展现的经济活动都与区域政治、文化、法律等方面紧密相连。

举例来说"经济维度"与其他"社会维度"的关系:①经济与文化的联系。文化形式需要使用物质作为基础。例如汉服文化需要实际的服饰作为载体,用于展现汉民族传统服饰的审美,而服饰无疑是经济产物。②经济与宗教的联系。例如西方基督宗教文化,无论是天主教、东正教和新教三大派别及其细分,都需要教堂作为礼拜的场所,而教堂作为建筑本身也是经济产物,例如梵蒂冈的圣彼得大教堂,还会产生经济上的门票收入。③经济与法律的联系。在法律上,民事与刑事往往与经济有关,盗窃罪是以一定经济价值作为判罚标准的,例如个人盗窃公私财物"数额较大"的标准以人民币一千元至三千元为起点。

政治因素更是和经济密不可分。靠着油气资源优势,委内瑞拉曾是拉丁美洲最为发达的国家之一,但由于政治动乱,每年产生了数千起与政治相关的死亡事件,涉及使用武力、酷刑、非法拘留等行为。到了 2018 年,委内瑞拉物价比 20 年前上涨了 100 倍,货币贬值如纸,国内 90% 以上的人民生活在贫困线以下,医疗和食品资源严重不足,大量难民成群结队涌入邻国哥伦比亚。

以上的例子用于说明，经济活动是抽象理解人文社会的一个方面，并与社会整体紧密相连。我们可以尝试去寻找，但几乎难以找到一个社会维度是脱离经济或物质的，这也说明了现实世界的精神和物质很难彻底分开。

由于经济与社会整体的不可分割，因此解决经济问题，你需要把它放回到社会中去，通过协调社会政治、社会心理、人的行为等各个方面，去解决经济问题，而不是就经济论经济，这也是本书的核心观点之一。

一、经济与经济危机

1.1　什么是经济？

理解经济的底层逻辑，才能通透地理解经济问题或危机的发生。

21 世纪以来，没有哪个词语会像"经济"这样出现得如此频繁，你在餐厅聚会或乘坐出租车听广播，又或收到几年未变的工资短讯，你都会听到或谈论和经济有关的话题，假如你在金融机构工作，很可能美联储调整基准利率等政策变动会时时牵动你的神经。

疫情结束后，全球经济发展的动力不足，贸易保护主义、地缘冲突等不确定性因素加强，在经济疲软时，社会中同样蔓延着不良情绪。经济成了人们情绪的发泄点，人们会把自身的窘境或不良情绪怪罪到宏观经济上，解决经济问题成了各个经济体的头等大事。

那么，到底什么是经济？

经济，是人利用（稀缺）资源去生产商品或提供服务（简称"商品"），并进行交换和消费的活动，**经济的本质是商品的生产、交换、消费**，这是经济的底层框架。以上三个环节并不是孤立的，比如只有商品能够被消费掉，形成生产者的回款，才会进行下一次的生产，任何一个环节如果出现问题，都会传导到其他环节，并反映到经济总量上。

我们用古代的经济活动来说明生产、交换、消费这三个环节。

先来看生产环节，农业是经济活动最初的模样，满足人最基本的生存需求。考古发现公元前 9000 年人类就开始种植小麦，驯化山羊；在同一时期，中国北方也发现了农业经济生产的迹象，位于河北保定的南庄头，西距太行山余脉 15 公里，东距河北白洋淀 35 公里，出土了碳化水稻，还有石磨盘、陶片、骨锥以及家禽骨骼。

关于交换环节，公元前 3000 年以前，美索不达米亚平原的苏美尔人，可能已经开始使用银币进行**贸易交换**，商品可能主要是谷物、牲畜和黏土制品，也可能还包含奴隶买卖；古希腊文学《荷马史诗》里的描述，一套精致的铠甲值九头牛，一名女性奴仆值四头牛，这都体现了商品的交换。

对于消费环节，不用赘述，就是将生产出的商品消化掉。吃饭就是最基础的消费，据说刘邦发迹前就爱吃狗肉，常去樊哙那里赊账；唐朝的人爱吃生鱼片，这些都是消费行为。消费用于满足人的各种需要，也是经济的最终环节，不同商品的消费方式及消费时长有所差异，但都给人带来效用与满足。消费行为使生产者获取收入，并进行下一轮再生产。

1.1.1　经济的底层逻辑

我们理解，经济活动的底层逻辑是"分工生产"与"交换消费"，这是经济大厦的地基。

经济问题的本质
如何走出困境

分工生产。不管经济与金融理论如何发展，以什么样的方式展现，我们都不能忽略分工生产商品是市场经济的基本逻辑之一。《国富论》指出："劳动生产力上最大的增进，以及运用劳动时所表现的更大的熟练、技巧和判断力，似乎都是分工的结果。"个体如果专注一项产品的生产或只负责一项工序，则会提升整体的生产效率，这是毋庸置疑的。现实也是如此，企业是生产标准化产品的场所，比如智能手机、新能源汽车、儿童玩具等，不排除有个体经济户，生产早点或小工艺品，但大部分商品都是标准化的。企业是分行业设立的，这就是分工的体现，而且企业还依赖于大量的上游材料，例如手机的摄像头、锂电池、元器件，这也是分工的进一步细分。

交换消费。所有分工产生的商品及服务要进行交换，这能够提升社会的整体福利，也是商品转化为 GDP 的必经之路。交易的发生是构成经济总量的基础，如果企业具有很高的生产能力，但是无法实现销售（交换），则经济也不会繁荣。买卖双方促成交易的完成，卖方也就是供给方，买方也就是需求方，交易的完成是供给方把商品卖给需求方。在市场上，每个人都是供给方，每个人都是需求方，当双方达成一致时，交易才发生，GDP 才能够形成。**经济交换的表面是商品及货币流转，实际交换的是价值。**

除了经济的底层逻辑，我们还需要理解的是经济的运作方式。

在现代，大部分经济体组织上述经济活动依靠"市场"。经济是一部复杂精密的机器，它主要依靠价格信息及一系列"市场机制"协调个人和企业的各种经济活动。

简单来说，市场将数十亿各不相同的"经济人的认知"和"价值评判"汇聚在一起，每个人都参与经济决策，每个人都是经济的参与者、塑造者，每个人都在时时刻刻通过价值评判做出决策，是几十亿人的大脑判断形成比较价值，形成了价格体系，并指导生产和分配活动。

人们的价值判断其实是非常优秀和准确的，我们能够通过比较去识别不同商品的质量并匹配相应的货币价格，绝不会用大价钱去买次等品，比如人们对于苹果公司（Apple Inc.）的产品价值的认同；再比如，人们对于哪种共享单车骑起来更加轻松，都有统一的判断。

1.1.2　对经济的思考

经济为何如此重要？一方面，可以说人类大部分活动都以经济为基础。基于商品对人的有用性，其在维持人类生命延续的基础上，还能够给人带来快乐与所谓的效用（utility），尤其是更多的、更好的商品消费能够给人带来更大的欢愉。另一方面，对商品的所有权是社会主要的权利之一，人的所有精神活动，喜怒哀乐，都需要假于物之上。所以，经济不可谓不重要。

经济作为学科最早诞生于古希腊，色诺芬在《经济论》中主要阐述了农业在经济中的重要性，他也是苏格拉底的学生。到了近代，英国经济学家阿尔弗雷德·马歇尔（Alfred Marshall）这样描述：经济学是研究财富与人类一般生活的学问。莱昂内尔·罗宾斯（Lionel Robbins）指出，经济学是研究稀缺资产如何使用的学问。无论你扮演社会中的哪个角色，学习经济理论无疑是有益的，能够让你更清晰地理解经济行为，管理自己的财富，促进更优的经济决策。

尽管经济的表象千变万化，但对于不同的区域、不同的经济制度、不同的时代，经济规律或原理是不变的。例如汉武帝时期的大臣桑弘羊，通过调整粮食的供给来平抑物价，其底层的经济逻辑在 2000 年后依然适用。再比如 18 世纪旷日持久的英法战争，两国财政透支并导致债务危机，其原理与现代的财政危机基本一致。

1.2　经济危机的内涵

在初步分析"经济"的本质后，我们来探讨"经济危机"。

我们将经济危机分解为"经济""危机"两个词项，分解内涵。不用过多解释，人们能够理解"危机"形容一个负面的状态，经济危机（economic crisis）则表示经济受到极大的向下压力，企业生产和总体消费水平急剧下滑，表现为长时间的经济负增长、失业率大幅攀升、价格和投资水平处于低位。

经济的发展不总是一帆风顺，总是存在一些问题和矛盾。大体来看，经济问题的两个主要方面是生产和分配，而当下的矛盾和问题总是围绕着"利益分配"，可以说财富分配是现代经济问题的核心，天下熙熙攘攘，无非名利，不患贫而患不公，不公或不平衡总会引起情绪上的不满，并演化为社会问题。汉初宰相陈平在草莽之间已然明白治天下需要"公平分肉"的能力。

经济活动总是围绕着"做蛋糕"与"分蛋糕"，逻辑总是极度简洁的。正如《道德经》区区五千多字，却是当今几十万字著作所不能比拟的，现象变幻无穷，本质却始终如一。

去理解经济危机的发生机制，是一个非常有意思的事情。古典经济学认为市场是非常完美的经济制度，经济人在追求个人利益的同时，促进了稳定的、能够自我调节的经济系统，即"看不见的手"，这个观点成为共识并影响到现在。到近代，反对任何政府干预的学者不在少数，例如哈耶克、弗里德曼等著名经济学家，都是自由市场的拥护者。

古典理论无法解释完美的市场会出现严重的衰退问题，近百年来的经济学家对于市场失灵给出了很多解释，但总有些不尽人意。

我们希望从底层逻辑去理解经济萧条或危机。

剥离金融因素，经济就是生产、交换、消费的循环，我们认为经济危机的内涵就是："商品交易循环的弱化或不发生。"造成商品交易出现问题的因素有很多，既有经济内生的问题，也有人为的不当操作因素。

总的来说，当下经济的衰退，问题往往不在于生产端，而在于商品交易关系过程的弱化，也就是交换环节出现了问题，生产的产品无法被消费掉，造成难以实现"帕累托改进（Pareto Improvement）"的结果，并出现所谓的"产能过剩"问题。

1.2.1　历史上的危机

经济危机伴随着人类进程，群体非理性及投机狂热是造成危机的主要原因，我们尝试总结一些经验教训，从而更好地驾驶经济这艘巨舰，避免碰上暗礁。

1637 年，荷兰的郁金香泡沫

这是有记载的发生得比较早的危机事件，也是人性贪婪的历史印记，且资产标的居然是一株植物球茎。

当时贵族追求所谓稀有的郁金香品种，导致郁金香的价格迅速上涨，在几年时间里，花价被抬高了几十倍，一株名贵的郁金香球茎能够买下阿姆斯特丹运河边的一幢豪宅，短期价格严重偏离了内在价值。尽管这个内在价值不好评价，但泡沫价格需要货币支撑，而"有限的货币"导致泡沫必然破裂，尤其是这种其实不具备稀缺性的农产品，使得小部分狡诈的投机者获取了他人的投机货币，大部分跟风的投机者们破产。

可怕的是三人成虎，在从众效应下，你很可能会坚定地相信一个郁金香球茎价值不菲。图1.1展示的是一幅郁金香的画作。

图1.1 郁金香

郁金香泡沫，说明了商品价值是人赋予的。人们依据自身的经验并受到群体的影响，对一个郁金香球茎做出了购买指令，并认为稀缺的球茎价值可以与一套别墅价值相同。

1720年，英国南海泡沫

南海泡沫被称为早期的杀猪盘。就连牛顿，就是那个近代物理学家和微积分之父，也在南海泡沫中损失严重。

整个18世纪，英法两国进行了数十年的战争，两国都欠下了巨额的债务，债务需要被偿还，两国政府都被债务问题所困扰。

1711年，南海公司成立，表面上起初是专营南美洲奴隶买卖等贸易的公司，从政府获取特许经营赚取高额利润，代价是需要购买英国的国债，缓解英国财政的债务压力。

1719年，南海公司提出和英国政府进行利益交换。南海公司购买3160万英镑的国家债券，并且还向政府提供350万英镑的额外费用。作为交换，英国政府赋予南海公司美洲金矿开发的权益，公众持有国债可以换为南海公司股票，这估计是最早期的"债转股"了吧。

无论如何,南海公司与英国政府都已经风雨同舟了。

英国政府可以获得大量资金化解财政危机,南海公司可以获得更多的资金开发美洲的金矿,国债持有人可以将手中的债券换成南海公司的股票,获得更多的资本利得,看似形势一片大好。

在美好前景的渲染下,英国各阶层民众疯狂地购买南海公司的股票,基于不合时宜的预期。

拥有英国政府支持和背书的南海公司股价不断上涨,半年内股价从128英镑飙升到1000英镑,南海公司借机敛财,不断通过新股发行进行"融资",南海公司又发行了8万多新股,幕后的股东赚得盆满钵满,没有想到画出的饼如此抢手。当时的疯狂表现为,"政治家忘记了政治,律师不再接官司,医生也无心给病人看病",金钱梦想实在是太有吸引力了。过分的贪欲体现在获取金钱的方式不是通过提供商品获取收入,而是通过货币获取货币收入。最终利润不再来源于出售商品,而仅仅来源于下一波投机者的买入,投资者普遍认为还是赌博来钱快。

1919年,在美国大萧条前10年,"庞氏骗局"诞生了,经济空前繁荣,也滋生了不少投机、诈骗行为。世上著名"庞氏骗局"的制造者,查尔斯·庞兹,在波士顿注册了一家吸收存款的机构,他对外承诺的年利率高达45%,远远高于当时3%的存款利率,他利用信息不对称进行借新还旧,如此高的利率难以为继,最终主人公还是锒铛入狱。

南海泡沫与庞氏骗局有着很多相似之处,也许泡沫本身就具有欺诈属性。

"庞氏骗局""股票投机"与"现代金融"的共同之处在于,必须有更多的货币，不然流动性就会枯竭。

1.2.2 古典经济学对危机的理解

倡导完美市场理论的古典经济学家，对于危机的理解是怎样的呢？而到底是什么导致了危机的发生？

约翰·穆勒（John Stuart Mill）是古典学派具有代表性的经济学家之一，他将危机归结为资产泡沫。

穆勒出生于 1806 年，12 岁时他已经掌握了几何、代数以及多种语言，并开始学习微积分，尽管最终成为一名公务人员，但其一生对于经济学和自由保有强烈的兴趣，他在 1848 年出版了代表作《政治经济学原理》。穆勒在那个年代爱上了一个已婚女权主义者泰勒夫人，并保持了近 20 年柏拉图式的爱情，直至她的丈夫去世，他们才正式结婚。

关于危机的成因，具有深厚哲学功底的穆勒，捕捉到了繁荣和衰退的关系，他认为繁荣时期容易产生资产泡沫，人们的投机活动导致价格非理性上涨，且这种行为具有很强的传染性。

穆勒说："伴随着资产泡沫，信贷也在急剧扩张。乐观的情绪在社会中传播，人们比平时更自由地使用信贷，因为他们认为可借用信贷赚取巨大的收益，而当时流行的一种轻率的爱冒险的情绪，使人们愿意比其他时候更多地提供和取得信用，甚至向没有资格取得信用的人提供信贷。当少数企业突然破产引发资金链断裂，便会在市场上形成普遍不信任的情绪，泡沫就此终结了，在一般情况下，信贷将不会恢复。"

这产生了多米诺骨牌效应，企业由于不能够偿还债务而不断倒闭，引发破产和信贷收缩，价格下跌和恐慌，危机如此发生。穆勒还认为，货币作为交易媒介，人们可以把消费收入储存起来，所以供给不一定创造等量的需求，供给与需求是经济循环的两个不同方向的箭头。

穆勒的解释，基本上摹画了危机及周期的基本框架。

卡尔·马克思（Karl Heinrich Marx）则认为经济危机本身就是资本主义经济的一部分。

直接的物物交换发展为以货币为交换媒介的商品流通后，卖与买分裂为两个独立的过程。一个人卖了自己的产品并不一定要马上买回自己需要的别人的产品，这就可能造成另外的卖者卖不出自己的产品。

马克思曾不止一次地预言过资本主义经济危机的爆发，因为资本家控制了能够调动资本的货币，拥有大量的资本，市场已经很难带给他更多的利润（除非通过其他人更多负债的方式，然而债务难以无限增长），枯竭的利润引起危机的爆发。

熊彼特也认为资本主义经济发生危机是一种必然，危机的本质就是所谓的"创造性的破坏过程"，资本主义的竞争主要是由创造性的破坏所决定。

穆勒和马克思、熊彼特关于经济危机的理论是深邃的，揭示了危机的底层逻辑；对比当代的理论，大部分是文字的数量堆砌，而揭示本质问题的却很稀少，就比如很少有人真的懂得"信贷"是什么。

二、经济危机与金融危机的联系与区别

危机首先发端于实体经济部门或金融部门，可以分别被称为经济危机（economic crisis）与金融危机（financial crisis）。

将经济危机等同于金融危机，这么做几乎不会犯严重的错误。金融是实体的衍生，脱离了实体经济的金融没有太大的意义，脱离了金融的经济资源很难有效配置。

经济与金融，这两者本身就是一体的，两者共生共荣。经济部门

的财务问题会导致金融部门运行紊乱，紊乱的金融会进一步反作用于经济，反之亦然。此外，金融一方面作为价值尺度与记账凭证，其大量数据容易被观测，因此金融危机更为人所察觉与记录。

我们在理论分析上尝试厘清两者的概念。从词项上，我们将"经济"代表实体，是社会中的生产要素，经济危机是从实物商品的角度讨论经济问题，是商品生产、分配问题；而"金融"可以理解为广义货币体系，主要起到的作用是促进经济循环、利用价值尺度等功能有效配置资源，金融危机代表金融部门的紊乱和崩溃，表现为银行危机、债务危机、通货膨胀危机等。

我们使用卡尔·马克思经典的公式来观察经济与货币间的关系，我们拓展《资本论》中的经典公式 W—G—W 的含义，假设 W 代表商品部门，G 代表货币部门，公式代表以货币为媒介的商品交换（循环），W 部门投资生产并卖出商品，换取货币 G，利用货币消费及投资再生产，这体现了经济循环逻辑。

而当下的危机往往由于跳过实物循环的经济环节，而采用虚拟的货币 G 到货币 G，融资规模与 GDP 的比值在不断提高，这里就有大量的货币在空转。

2.1 关于经济危机

经济危机，是实体部门产生的问题，这里可能出现的问题包括：企业破产、工人失业、产品市场需求不足等，一个行业的经济问题会向其他行业传导，并波及金融机构。

企业的破产直接导致生产能力下降，引发市场上商品生产的削减或停滞。在 1932 年大萧条时期，整个美国卫浴业的销量跌掉了 90%，上千家的相关企业破产，这是实体经济问题的具体呈现。

经济实体面临危机，企业生产会大幅下滑，总供给显然会下降，这是最致命的问题，实物是形成经济量的根本。而由于各种原因，商品无法流畅地交换，传导到生产部门就是削减产出。

没有商品的支撑，你手上的现金和存款能够买到什么呢？买不到商品的现金只能用来取暖。尤其在当下，货币可以直接创造，而商品需要靠人力、资本、技术去生产。所以，在危机期间，保障关键企业的生产活动是必要的，比如必需品企业。

其次是失业问题，它反映出经济体人力资本没有被社会充分利用，失业的人是具备提供经济价值能力的。尤其在崇尚自由市场的国家，经济问题会迅速反映到失业率上。企业削减支出会裁掉相当一批职工，这种裁撤存在两个方面观点，一种理论认为这是经济正常的调整，失业的人需要进一步寻找其他机会提供社会需要的价值；从另一个角度说，被裁撤的人收入进一步降低，也会进一步引发经济体的消费降低，投资降低，因为失业人群本身也是经济循环的组成部分。

经济体容易产生需求不足，需求不足会导致负向的乘数效应，然而金融部门可能仍按照过往固定的预期、合约进行融资配置，就会导致经济与金融之间的矛盾，爆发危机。经济产出、投资、消费等方面的问题，会直接传导到其他企业部门及金融部门，我们来看一个经济危机的例子：

1973 年，美国石油危机

石油危机是造成 20 世纪 70 年代美国经济"滞胀（stagflation）"的主因之一。随着汽车工业的蓬勃发展，20 世纪 60 年代起，全球石油消费量迅速增长，1973 年美国的单位汽车平均油耗比 10 年前提高了近 20%，有 80% 以上的美国成年人开车上班，人们充分享受汽车的便利及舒适。

经济问题的本质
如何走出困境

1973 年，第四次中东战争爆发，美国公开向以色列空运武器，这激怒了阿拉伯成员国，阿拉伯石油输出国组织决定对美国实施石油禁运。1973 年，美国消费的石油中有 36% 来自进口，而 1970 年的这一比例仅为 22%。经济手段成为支持政治、外交的斗争手段。

1973 年初，原油价格每桶不到 3 美元，1973 年底达到了 12 美元，这本身就削弱了社会福利，司机需要排队数小时才能加上油，而且汽油经常断供。1974 年，许多司机只能在一个月中的奇数天或偶数天才能加油，这取决于他们的车牌的最后一位数字。

巴以冲突，表面看冲突是犹太教与伊斯兰教的宗教冲突，穿透看，巴以冲突底层也是对于经济利益的追逐。对于温泉、雪山等自然资源的追求，中东一直是全球政治力量的角力场。为对冲石油危机的影响，美国政府也在积极寻求出路，亨利·基辛格（Henry Kissinger）穿梭于中东地区，尝试缓和矛盾，但并没有取得很好的效果。联邦政府也成立了能源部，寄希望于研发新型替代能源。

石油价格飙涨，削减了全球的福利，反映为全球范围内的通货膨胀和经济停滞，日本物价水平上涨 23%，美国 CPI 同比由 6.2% 上升至 11%。有些国家采取减少航班次数、将汽车行驶速度限制在每小时 55 英里以内、关闭加油站等措施减小石油的冲击。

成本冲击影响经济的逻辑是：油价通过产业链传导至各个行业。1972 至 1981 年，美国原油价格上涨至原来的 9 倍多，给美国生产企业带来了巨大的冲击。最开始遭到冲击的是能源相关产品，柴油、煤油等大宗商品价格猛涨，导致能源大户的钢铁厂、化工厂等成本及价格上涨，随后波及交通运输、邮电等行业，从工业领域生产劳动成本到商品服务业领域消费价格最终都会上涨，成本最终由社会承担。

　　成本冲击造成企业大批解雇员工，通货膨胀，经济衰退。

　　我们从图 1.2 可以看出，石油价格变动与通胀变动基本保持一致。经济受到成本冲击，但价格体系自我调整不充分，导致经济迟迟无法达到新的均衡点。

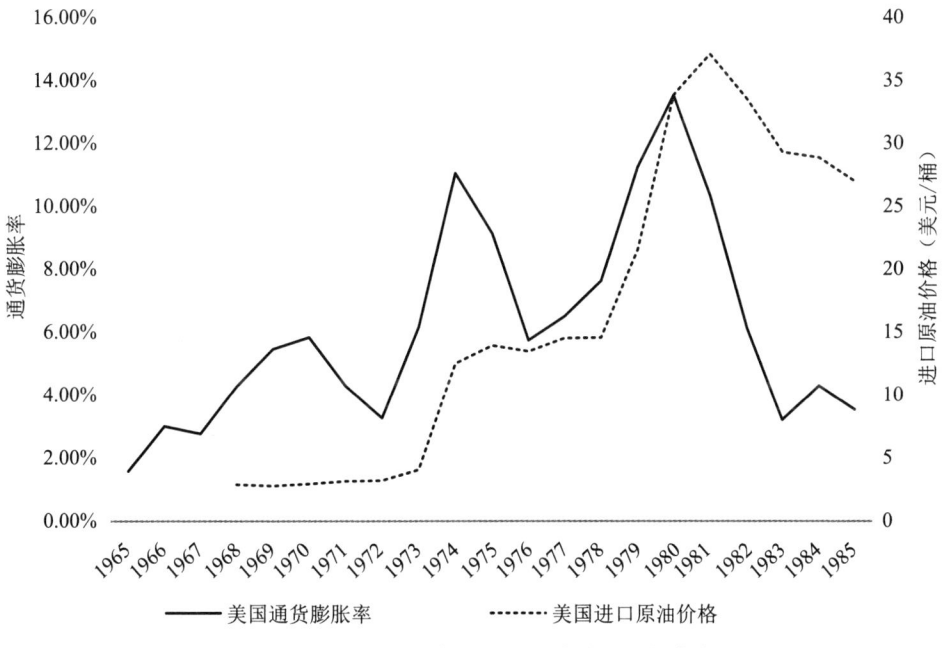

图 1.2　1965—1985 年美国石油价格及通货膨胀

注：美国通货膨胀率指标来源于 IMF 的 IFS 数据库；美国进口原油价格来源于 EIA。

　　对需求影响最大的因素就是价格，石油冲击导致有效需求不足。美国个人消费支出不变价增速由 5% 降低到 -0.8%，固定资产投资增速从 13.4% 降低到 6.4%。全社会消费和总需求的下跌，进而影响企业的再投资。**销售不仅仅是单次的企业行为，销售是经济循环中的一个环节。**市场无法及时自我调节并应对这种价格大幅上涨。不少依赖石油进口的国家发生了"滞胀"，即经济增长停滞（stagnation），失业及通货膨胀（inflation）同时持续高涨的经济现象。

实体部门向金融部门传导，助推了 1973 至 1974 年间的货币危机，当时实行金汇兑本位制，美元与一定比例的黄金挂钩，其他成员国货币与美元挂钩，美国采取货币刺激，但效果并不明显，宽松的政策最终导致了"滞胀"，也说明了实物是经济的根本，印制钞票不能直接代替实物生产，石油作为基本能源，被替代的可能性微乎其微，所以其边际效应很大。

这场危机迫使各国开始重新思考货币政策和货币体系。布雷顿森林体系（第二次世界大战后以美元为中心的国际货币体系）的瓦解，也使得各国的货币政策变得更加自主化和多元化。

2.2　关于金融危机

金融危机顾名思义，发端于金融体系内部，例如普遍出现的银行危机，是金融机构的不当操作以及金融监管的不到位导致的。而金融危机的结果，依然会作用到实体部门。

金融部门可能存在的问题包括通货膨胀、外汇危机、债务危机、股票等其他资产泡沫。

金融体系起到引导实体经济投资、促进居民消费的作用，离开金融，经济资源很难有效配置。20 世纪 80 年代拉美债务危机、1997 年东南亚外汇危机，都是通过金融部门传导到实体经济。

金融危机作用经济的机理很简单，危机会影响企业的资产负债表、居民的资产负债表，从而影响投资与消费。金融危机还会扭曲正常的价格体系，经济要素无法流通。没有健康的金融机构，企业无法获取融资，市场无法配置资源，经济体的投资支出与消费支出同样无法正常进行，投资与消费就是经济活动的具体体现。

21 世纪，资产泡沫、信贷扩张、汇率波动等因素深刻影响着金融市场的稳定性。

2007 年，美国次贷危机

2008 年 9 月 15 日，凌晨 1 点，美国第四大投资银行雷曼兄弟申请破产，引发了 1929 年美国大萧条以来最大的金融危机，在一定意义上也是人类有史以来最大的金融危机，这场始于 2007 年的美国次贷危机，是金融衍生品泛滥引发的全球金融震荡。

所谓次贷，全名是次级抵押贷款（subprime mortgage），就是向那些由于资质较差、抵押品较少等原因无法获得常规贷款的人发放的贷款，从源头上看次贷危机仍属于债务危机。

时间回到 2001 年，为应对"911"恐怖袭击事件及互联网泡沫对经济的负面冲击，美联储在 2001 年末开始降息用于刺激经济，随后的几年隔夜拆借利率一路从 6.5% 降到 1%。较低的利率水平刺激了人们的借贷活动，美国的商业银行、投资银行、保险公司、养老基金等机构均开始了信贷扩张。

而发放贷款的金融从业人员的奖金来源于贷款规模而非贷款质量，这种激励助长了贪婪。贷款机构批准贷款申请时，不认真考虑借款人信用记录、工作状况，没有资产的人、夸大收入的人都能获得贷款额度。

从 2001 年到 2007 年，美国家庭抵押贷款增长超过 90%，高于家庭收入的增长率，信贷增加最多的还是收入排名在后 20% 的人群，三分之一以上的次级抵押贷款流向了没有经过任何有意义偿款能力评估的借款人。向不具备借款条件的人发放次级抵押贷款，这是危机孕育的养料。图 1.3 显示了 1995 至 2015 年美国家庭抵押贷款年度增长情况。

图 1.3　1995—2015 年美国家庭抵押贷款年度增长情况
注：数据来源于 FRED。

也就是说有借无还早已注定。

此外，债务融资还用于已建成资产的购买，这大大推高了房地产资产价格，房价自 2000 年以来上涨了 80%。信贷带来的泡沫还有自己正向加强的作用，信贷资金作为买盘，推高资产价格，抵押品价格上升，信贷部门强化了资金还款的确定性，信贷宽松推高房地产资产价格。在价格和需求的刺激下，由于预计高房价会持续上涨，开发商开始囤积房产，房产供给也开始增加，单户住宅建筑量翻番，在危机之后美国房地产销售量出现了明显下跌。图 1.4 显示 2001 至 2015 年美国住房价格及销量情况。

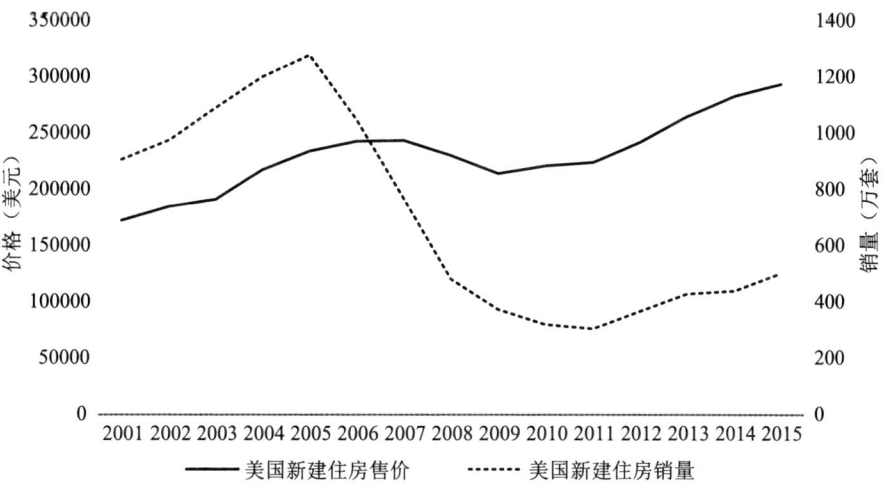

图 1.4 2001—2015 年美国住房价格及销量

注：数据来源于 BEA。

居民是狂热买房，金融机构是狂热地为买房者提供资金。

房价不会永远上涨。意识到房地产过热的美联储开始加息，到 2006 年利率又重回 5%，这大大增加了借款人的付息成本，尤其是浮动利率贷款，并刺破了泡沫。借款人无力偿还抵押贷款，在价格下跌的情况下房产缺乏流动性，根本无法出售。图 1.5 为 2001 至 2015 年美联储利率变化情况。

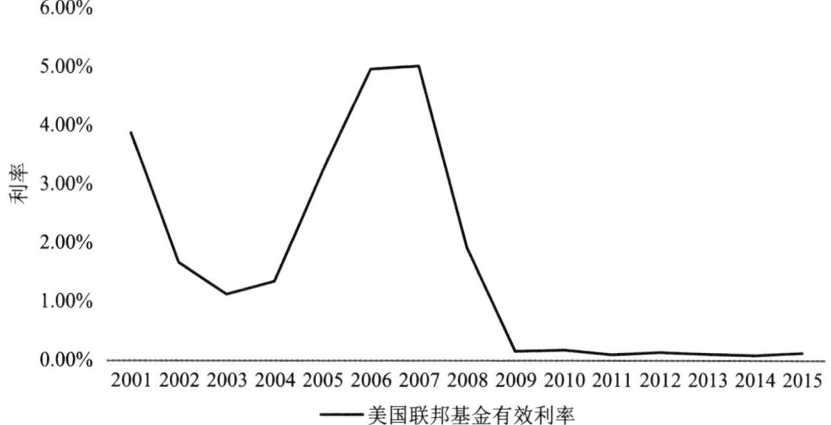

图 1.5 2001—2015 年美联储利率

注：数据来源于 FRED。

房价没有买盘的支持是难以维持的，房价的下跌导致贷款逾期率不断上升，借款人的房产实际上已经是负资产。

2009 年的住房抵押贷款违约超过 500 万笔，占比超过 10%。这种情况下，银行等金融机构会收缩信贷，进一步绷紧了市场的现金流。

如果仅仅是住房抵押贷款及不良率的增长，还不足以掀起全球性的金融风波。

资产证券化的滥用才是危机全球蔓延的罪魁祸首。

贪婪的华尔街，将次级贷款等底层资产包装成证券化产品，不断提高抵押贷款支持证券（Mortgage-Backed Security，MBS）的发行力度。抵押贷款作为机构的资产，具有一定的现金流，也就是借款人还本付息的支出。银行等机构出于**风险分散**与**业务扩张**的需要，将抵押贷款进行资产证券化，设置优先劣后风险等级，通过评级机构的增信后，卖给全世界的投资银行，实现了次贷机构的资产出表和杠杆加强。类似的产品还有 ABS 资产支持证券（Asset-Backed Security），它与 MBS 的不同在于它的底层资产是信用卡、应收账款等其他有现金流的资产。与此同时，投资银行进一步加强杠杆，将持有的债券再次作为底层资产，研发出担保债务凭证（Collateralized Debt Obligation，CDO），理论上证券化可以无限嵌套。

MBS、ABS、CDO 等衍生品，通过底层资产的不断嵌套与转移，包装现金流，不断增加杠杆规模，目的仍是转移风险及收取溢价。证券化繁荣给予金融从业人员丰厚的回报。

犹如三国赤壁之战，曹操用锁链将船只都绑在了一起。层层嵌套的衍生品及场外交易，将抵押贷款公司、投资银行、房地美、房利美等完全捆绑在了一起。这些产品，不但脱离了监管，且每一次嵌套都产生了费用，增加了金融的脆弱性，当某一个环节出现了流动性问题，危机便会迅速"烧"到各个金融机构。

房价不可能无限上涨，就像股市泡沫，买盘的枯竭导致房价停滞甚至崩溃。

次级借款人开始违约。银行与投资银行的协议中明确，如借款人拖欠早期本息，贷款人需要回购这笔贷款。当违约发生时，次贷机构发现根本没有能力回购贷款，大量次贷机构开始破产。但次级抵押贷款本身就是劣质资产，它的违约率大幅提升，从6％提高到30％，这极大地影响了证券的价值及投资者信心。

底层次贷资产开始崩溃，大火迅速烧到上层的抵押贷款证券。问题在于金融产品的支持全部在于买盘，也就是借贷者的还本付息，我们已经发现大量现金贷给没有支付能力的人，这些证券化产品作为上层建筑，其倒塌几乎是必然。

2007年4月，规模第二的次级房贷公司新世纪金融公司申请破产，随后几十家次贷公司歇业。

2007年8月，法国巴黎银行（BNP Paribas）率先披露了在美国次级抵押贷款上出现了未曾预料到的损失，宣布冻结三只基金，并表示无法客观评估旗下基金的不良资产。

"不知道如何给这些证券赋予价值"，也就是说，穿透看其底层资产基本不具备价值，这造成了相关机构的恐慌，并开始抛售证券，囤积现金，同业拆借利率大幅上升。资金开始流向更加安全的资产，在拥有较为健全金融制度的今天，信心丧失得依然如此之快。

花旗集团在2007年11月减记了约100亿美元的次贷有关资产。挤兑，使拥有4000亿美元的贝尔斯登于2008年3月倒闭，

经济问题的本质
如何走出困境

最终被美国摩根大通收购，美国金融体系已处于巨大的风险之中。危机同样吞噬高杠杆的雷曼兄弟，由于缺乏抵押品，美联储无法向其提供贷款，尝试收购雷曼的机构发现它的实际价值只有对外宣称的一半左右，不良资产触目惊心，美国银行及巴克莱均放弃了对它的收购。最终雷曼宣布申请破产保护，两万多名员工除了离去，别无选择。

大规模的抵押贷款证券已经成了金融市场的重要组成部分，已经尾大不掉。最终，美联储不得不推出三轮量化宽松政策，购买证券，应对金融市场的崩溃，并接管两大住房抵押贷款机构房利美与房地美。

资产价格会误导所有人，价格只是一个时点值，银行、信用评级机构、投资人根据时点值来形成预期，忽视了长期价格波动性，他们也没有意识到，资产价格的高涨，是人们借钱买出来的。

杠杆是一种放大器，可以放大收益，也会放大损失，就如股票配资及期货市场。借用 10 倍杠杆，当资产标的下跌 10% 时，投资者便会血本无归，有数据显示，次贷危机前，部分金融机构借用的杠杆高达 30 倍。金融从业者有做大杠杆的冲动，因为理论上能够提高自身收入，融资者也有提升杠杆的动力，赌一把，最坏的结果是把风险丢给银行。

2001 年起，在信用宽松的情况下，美国的经济在增长，就业也在扩大，通胀维持在 3% 的水平。问题是当下的经济增长是建立在未来长期合约的基础和幻想之上，而合约不可能履行，金融交易关系必然破裂，实体必然衰退。

最终，在 2009 年，美国的失业率接近 10%。在经济的高速增长期，你可以相信人人都有机会，你只需要努力工作就会有回报；而在衰退中，工作机会被老一辈人占据着，年轻人找不到工作是常态，比如日本。

三、经济危机与经济周期

经济危机或萧条不完全等同于经济周期（economic cycle）。

或许可以这样做一个区分，经济周期的底部可能会演化为经济危机，也就是说由严重的经济衰退演化为经济危机。经济周期是一种正常的波动现象，是观测出来的，呈现出复苏、扩张、收缩、衰退的循环特征。

严重的经济危机是脱离于经济周期的，是一种不正常的经济现象，萧条是经济衰退的极端形势，例如1929年美国大萧条，以及日本20世纪90年代的房地产泡沫危机。

总体经济活动扩张与紧缩的交替或周期性波动变化，使用经济增长率作为周期的指标，是波型的，如图1.6所示：

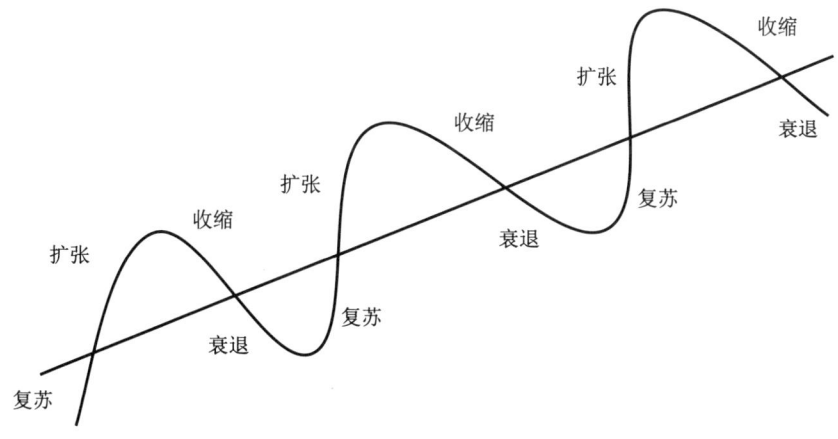

图 1.6　趋势向上的经济周期波动

经济问题的本质
如何走出困境

周期，是难以避免的。中国传统哲学的基本观点之一就是"盛极而衰，否极泰来"。事物发展到顶点就会向相反的方向转化，月亮的阴晴圆缺、四季的更迭都是这个道理。经济发展到顶点同样会向相反的方向转变，体现为繁荣、衰退、萧条、复苏的循环往复。

早有经济学家对周期开展研究，威廉姆·斯坦利·杰文斯（William Stanley Jevons）认为经济周期主要是由太阳黑子造成的，太阳的运动影响地球的气候，进而影响农业生产，使得经济失衡，在此种因素干扰下，投机活动开始升温，产生经济危机。这个理论看似是荒谬的，但也体现了经济周期是自然周期的思想。

关于周期的长度，朱格拉认为周期一般为10年；基钦则认为大致是40个月；康德拉季耶夫发现经济以极低的频率振荡，波长超过50年。其实，纠结于周期的形成或周期的长短没有实际意义，周期属于不可精准预测的问题，波长随着社会发展而变化，是一种观测出的经济表象。

经济周期中普通的衰退是正常的经济现象，尽管这个阶段给人的感觉并不好，就像沙漠是地理环境的一种，缺乏生命力，让人联想到无助与死亡；而经济危机是不正常的经济现象，需要进行"治疗"。经济周期、金融周期、债务周期、技术周期、情绪周期，都是社会大周期的不同侧面，不同的周期相互交织，你中有我，我中有你。

就算是你理解了经济周期这个波是如何形成的，也无法改变经济呈现周期的特性。

目前，驱动经济周期的最重要因素可能是技术周期与信贷周期。技术与个体效用息息相关，新技术带动创造性毁灭，使经济产生周期的形态。当技术停滞不前，凯恩斯边际效用递减理论会使社会支出减小。信贷与技术也是紧密相连，技术爆发时，信贷也会支持新技术衍生的经济活动。

本书并没有着重于对经济周期的解释和预测，而旨在分析产生经济危机的"病因"，研究对症的"药剂"，在一定的程度上，以期缓解危机对于社会民生造成的危害，毕竟群体治理从来都不是容易的，一旦经济问题扩散，还可能产生暴乱、战争等问题。在汉末三国时期，经济凋敝，人口从5000多万锐减至800万，我们应该看到这不仅仅是英雄的年代，更是百姓苦难的年代。"白骨露於野，千里无鸡鸣。生民百遗一，念之断人肠。"纷争与暴乱其实也是经济问题造成的，尤其是财富分配极度不平衡产生的社会不满。

不纠结于周期，我们希望能够剖析经济问题的本质，尝试预防、缓解经济大规模、长期的衰退带来的损害。

第二部分　回顾 1929，美国大萧条

苦难并非一无是处，苦难往往让人的精神发光。

美国大萧条（The Great Depression），是经济危机的范本。

痛苦的时光，如果不是身在其中，你很难体会个中滋味，没有感同身受，只有切肤之痛。美国历史学家阿瑟·施莱辛格（Arthur Schlesinger）说，大萧条给美国人民带来的苦难，是从未有过的。

在大楼高耸的城市里，衣冠楚楚的美国人食不果腹，在华盛顿凌晨的街道上，人们不得不在垃圾堆翻找食物。据统计这4年非正常死亡人口的比例占总死亡人口的7%，尽管这一数据可能并不准确，但也能够说明经济危机对居民健康造成的伤害。

即便是资产泡沫破灭、生产过剩等问题存在，美国人也并不认为需要为此付出长达10年、百业凋敝、上千万劳动者失去工作的代价。如果你知道在大萧条之前的繁荣景象，那这鲜明的反差更让人难以接受。

从1929年到1933年的时间里，美国经济部门出现了严重的问题，工业产出下降了37%，价格水平下降33%，名义GDP下降50%以上。在冰冷数字的背后，是像美国钢铁等不计其数的破产企业，是在生活中挣扎的2000万失业人口，当时美国总人口大约在1.23亿左右。

1933年之后，美国经济也没有明显起色，更加普遍的观点是这场危机一直持续到1942年，长达13年。

历史总是环环相扣，美国"带领"资本主义世界进入大萧条。这场危机通过国际金融、贸易保护、债务合约等渠道波及整个资本主义世界，德国、英国、法国等欧洲经济体同样陷入衰退，危机尤其激化了德国的内部矛盾。有观点认为，美国大萧条是第二次世界大战的导火索。

经济问题的本质
如何走出困境

时间回到 1918 年，一战结束后，墙倒众人推，战争的创伤还未完全抚平，德国作为战败国签订了《凡尔赛和约》，背负了巨额赔偿责任。还未复苏的德国经济进一步恶化，失业人口一直在 500 万人上下，失业率超 40%。为了还债的德国政府超发货币，然而货币刺激并没有拯救经济，反而进一步导致德国马克严重贬值，买一块黑面包的钱需要一辆汽车才能装下。

更加致命的是，德国欠下了大量外债，偿还外债需要将本国货币兑换成外币，再进行债务清偿，汇率成为偿债的关键。战前美元兑马克的汇率为 1∶4，1923 年初美元兑马克的汇率为 1∶7260，1923 年末的汇率则为 1∶4 万亿，如此夸张的汇率水平，表明德国永远不可能偿还完它的国外债务，因为马克已经毫不值钱。德国对于英国等欧洲国家的巨额债务直接影响了德国的政治走向，原本一战后的德国社会对于"种族主义"和"反对《凡尔赛和约》"是不感兴趣的。

尽管具有远见的梅纳德·凯恩斯认为，在经济上把德国逼得太紧不是什么好事，应该让它休养生息，他还特意撰写了《〈凡尔赛和约〉的经济后果》提醒当时的政治家，这足以证明他的前瞻性和分析能力，但英国等债权国并没有那么做。

一战后，德国社会经济一直步履蹒跚。10 年后，到了 1928 年，美国国内长期积聚的经济问题开始显化，经济陷入泥沼，美国急于收回对德国 85 亿美元的债务（在当时是一个天文数字），用于缓解本国的金融压力，这成为压倒德国的最后一根稻草。

不满、愤怒的社会情绪中，纳粹党的支持率开始持续上升。纳粹党前身为 1919 年成立的德国工人党，积怨已久的德国民众发现这个党派帮助他们宣泄情绪。到了 1933 年，纳粹党的支持率从成立起不足 1.25% 上升至 33%。纳粹党在全面执政之后，国内经济有所复苏，缓解了一部分就业问题，让劳动力和机器运转起来，经济重新发生了循环。一个叫沙赫特的官员在其中起到了关键作用，希特勒任命沙赫特担任经济部长。他推翻了金本位，建议进行大规模公共工程建设，刺激国内经济。

然而，在锁定的债务条约下，德国经济的根本矛盾并没有解决，也无法解决。在《凡尔赛和约》重压下的德国无力偿债。经济衰退、失业攀升、债务危机、通货膨胀，"四座大山"让他们连当奴隶的资格都没有了。走不出困境的德国，为了转嫁矛盾发动战争。穷寇莫追，在金融的战场上也一样。

全球经济、金融问题按着自己的节奏，一步步、无声息地将世界拖入第二次世界大战。

这一切的不幸，可以说都源自资本主义经济的崩溃。

一、大萧条中令人费解的经济现象

采访经历大萧条的人，他们表示并不知道发生了什么，也不知道为什么突然丢了工作，穷苦潦倒，吃不饱饭，人们只知道在走向崩溃，且没有办法改变这一切。美国人民也曾经相信只要努力工作，就会获得成功，而现在却无论采取任何行动都无力改变现状，民众的士气逐渐低落。

至今，大萧条仍有三个让人们难以回答的经济问题。

其一，农业生产力得到空前的发展，且农产品价格不断下降，但美国发生了大面积的饥荒。

历史上的饥荒形成的原因，一般是天灾导致的粮食大幅减产。例如 1845 年，马铃薯疾病导致的"爱尔兰大饥荒"，到了 1850 年，英国统治下的爱尔兰人口锐减了将近四分之一。而美国农业在 20 世纪初已经广泛使用拖拉机等农业机械，这使得玉米、大豆等作物产能巨大，1910 年的小麦产量是 50 年前的 4 倍。

可以说农业科技运用在北美广袤的土地上，使人们能够轻而易举地生产足够的粮食。尽管在 1929 年小麦的价格下跌 35% 以上，玉米下跌 25%，人们仍没有钱购买食品，甚至要穿着毛呢大衣在垃圾箱中翻找残羹冷炙。

其二，率先进入现代社会的美国，制造业、金融业方兴未艾，却产生了长期、大规模的失业。

1921 到 1941 年期间，技术变革推动生产力快速增长，大部分的美国居民可以获得以前被视为奢侈品的东西，比如个人住房和汽车；或者获取在过去不存在的商品，如电话和收音机。家庭住房接入城市电网和自来水管网，高速公路延伸到城镇郊区。

然而，根据美国统计局的数据，大萧条期间平均失业率在 23% 左右。在 1932 年夏天，超过半数的美国工人无法全职工作，他们的劳动时间和报酬只有全职工作的 60%。

其三，经济长时间无法回到正常（均衡）水平。

市场的自发调节始终没有让美国经济回到正常水平，直到 1936 年，危机发生 7 年之后，GDP 才恢复到 1929 年的数值。

1929 年的秋天，美国股市崩盘后，当时的美国人还沉浸在歌舞升平的盛世环境中，根本没有意识到问题的严重性，以为经济困难很快就会过去。在大萧条持续 3 年后，自信心高涨的美国人终于认识到歌舞升平的繁荣时代结束了，他们不得不面对残酷的现实，城市里的中产阶级食不果腹，艰难度日，而且是长达数年。

《光荣与梦想》一书中描述："社会全体的收入，断崖式地下跌，满满一车的苹果只值 40 美分，不抵一双简陋的系带鞋。"越来越多的学者认为危机对引起第二次世界大战，以及促成美国参战也存在潜在影响。

20 世纪初，变革是整个社会的主题。意识形态、经济模式都在碰撞发展，左与右、自由与集权、共产主义与资本主义，这些都是社会思想的矛盾点。

不同经济体对于经济组织方式也存在不同的认识，大萧条让有些学者开始怀疑古典经济是否是正确的、完美的经济路径。米塞斯、欧文·费雪等经济学家依然认为古典市场理论没有问题，他们反对集权和指令，认为那是无效的，会是死路一条，更有甚者认为是政府错误干预妨碍了市场的自我调整。

这场危机，不管是因为什么，都是人的行为导致的灾难。

二、1919—1929，美国经济大繁荣

1919 年到 1929 年，大萧条前的 10 年，是美国的"繁华年代"。

1919 年，第一次世界大战结束后，世界上的大多数国家还在延续农耕文明，人民生活在贫困线以下，缺乏充足的营养而面容憔悴。

没有过度卷入战争的美国，其富足程度，实在让人吃惊。科技革命带来的机械能力大大突破了人力的局限性，玉米、纺织品、轮船、汽车等商品产量激增，还有很多从没有出现过的商品，例如收音机、冰箱。图 2.1 显示 1920—1929 年美国经济增长情况。

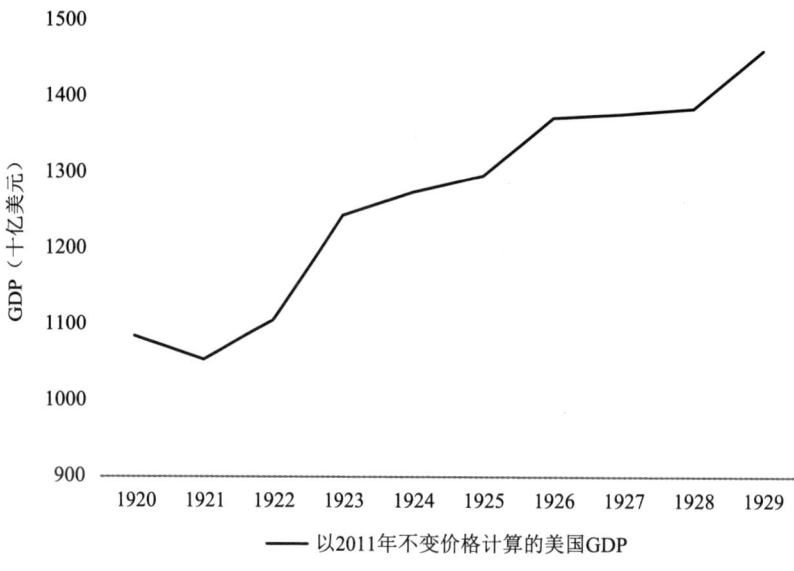

图 2.1　1920—1929 年美国经济增长

注：GDP 数据来源于 Maddison Project Database。

经济发展似乎验证了古典经济学理论是正确的，体现了市场制度的优越性。时任美国总统柯立芝（John Calvin Coolidge）致力于自由经济主义，虽为国家元首，他却讨厌扩大政府权力，认为增大政府的权限必然削弱人民自由。这段时期也是美国小规模政府运作的最后的 10 年（对比欧洲已经在战争期间建立了强大的国家机器）。在自由主义思潮下，这 10 年里美国真实 GDP 增长了 60%，制造业的产量增加了一倍，实际工资至少增加了 20%，平均失业率小于 5%，"看不见的手"搭配科技革命，这片土地像《了不起的盖茨比》一书中描述的那样，处处洋溢着繁荣景象。

2.1　100 年前，汽车已经成为美国大众的消费品

令人难以置信，100 年前，汽车已经进入普通美国人的家庭，从

1900 年到 1929 年，在这 30 年间，美国汽车千人保有量从 0.11 辆上升至 219 辆，这得益于内燃机的发展，时至今日它仍然是人类社会主要的动力装置。

有些让人意外，在汽车发展的早期，电动汽车已经出现，然而由于缺乏电力储存装备，内燃机或蒸汽装置成为汽车动力的首选。

查尔斯·兰德（Charles Land）是普瑞斯股票经纪公司的市场交易员，1925 年从耶鲁大学政治经济学专业毕业后就加入了这家公司，他的办公地点处于华尔街拐角 2 层。他情绪稳定且精力充沛，是总经理最得意的助手之一。这一天下班前他刚领到薪水，心情愉悦，驾驶着刚买不久的二手福特 T 型汽车，回家路上在欧沃舍面包店（Orwashers Bread）打包了吐司和可颂作为早餐。

1920 年开始，美国制造业生产力大幅提升，福特公司每 10 秒钟就能生产一台福特 T 型汽车，而在 10 年前，组装一台车需要 14 个小时。到 1929 年，全美 1.23 亿人口已拥有 2300 万辆汽车，占到全球汽车保有量的 80% 以上。T 型汽车不但产量高且价格便宜，通过简化设计，这款车大大节约了钢材成本，价格只需要 300 美元，不到当时平均汽车价格的 1/3，只占人均消费总支出的 11%。价格是影响需求的重要因素，T 型汽车成了中产阶级的首选，并在 1927 年停产前卖出了 1500 万辆。图 2.2 的画作展示了 100 年前的美国汽车形象。

图2.2　100年前的美国汽车

汽车产业的兴盛，还催生了加油站、汽车旅店、维修店等产业，产生了正向的经济乘数效应。汽车行驶需要铺装路面，汽车的发动机需要汽油作为燃料，轮胎需要橡胶，车窗需要玻璃；整个汽车产业为美国经济新增了400多万个工作岗位，这些工作岗位在20多年前都是不存在的。

对比来看，当代汽车制造大国的日本在1933年汽车产量也只有区区400多辆。也是在这一年，丰田汽车成立。

回到家，查尔斯把面包放到橱柜中铺着亚麻白布的篮子里，还没有来得及脱下衬衫，电话铃声响起，是组长亨利从办公室打来的，通知他明天一早去拜会美国银行，商量关于股票配资和保证金比例的问题。

他的妻子丽莉正在准备晚餐，她是德国裔，身上流淌着坚韧和严谨的血液，一旁的收音机正播报着家荣华电冰箱的推销广告，她在想是否也需要添置一个，这样牛奶能放更长时间。

除了内燃机，电力作为一项重要的通用技术，重塑了美国人的生活。电报、电话、收音机、留声机、电冰箱融入了美国家庭生活。收音机成为最畅销的产品，人们用它收听新闻、音乐。黑人演奏的爵士音乐，在那时成为白人的最爱，忧郁且跳动的旋律让人着迷。图 2.3 显示 1900—1944 年美国汽车及收音机数量。

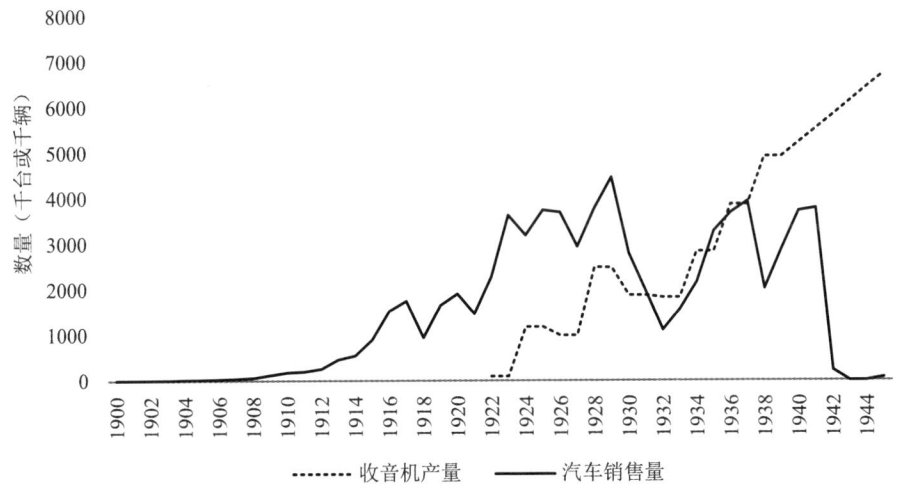

------ 收音机产量　　——— 汽车销售量

图 2.3　1900—1944 年美国汽车及收音机数量

注：收音机产量数据来源于 Bureau of Labor Statistics，Historical Statistics of the United States Colonial Times to the 1970，Part 2，page696，缺失数据通过线性插值方法计算得到；汽车销售量数据来源于 Bureau of Labor Statistics，Historical Statistics of the United States Colonial Times to the 1970，Part 2，page716。

摩天大楼、汽车、电话，当地球上其他国家还在努力打破落后文化的桎梏时，科技让美国率先进入了一个新的天地，人们信心满满，各大城市的百货公司雨后春笋般地涌现。丽莉也是梅西百货的常客，她喜欢去看一看琳琅满目的衣服、瓷器，哪怕什么也不买。

工业产业规模化发展，农业人口涌入城市（城镇化），把大量独立经济的农民转为有固定职业的人，从事服务业的美国人数超过了农业人口，美国经济越来越依赖日益复杂的分工体系，这也成了经济危机发生的底层逻辑之一，复杂的分工在一定程度上增加了经济的脆弱性。

2.2 华尔街成为新的世界金融中心

华尔街（Wall Street）成为金融中心之前，曾是黑奴交易市场。

1914 年，第一次世界大战在欧洲爆发。北美洲到欧洲大陆中间隔着一个大西洋，地理上的距离可能也是让美国先前保持中立的原因之一。免于战争的巨大消耗，美国得以大踏步发展。

战后，世界权力中心加速从英国向美国转移，归结原因主要有两个方面：**一方面是科技革命后美国强大的经济基础**。农业、制造业突破了人力的限制，化工、航空等各式各样行业的科技进步让劳动的单位产出增加了 75%。**另一方面是战争释放了美国的生产力**。欧洲战场对于军需品和农产品的需求是巨大的，例如小麦、棉花、铁路设施、船舶等，订单像雪花一样从欧洲飞向大洋彼岸的美国。杜邦公司抓住机遇从一家大军火制造商转型成化工产业巨头，这个成立于 1802 年的企业，至今仍然是世界化工巨擘之一。战争期间，杜邦公司为协约国提供了大约 40% 的军需品，它在 4 年之内完成的军火合同相当于该公司战前年平均军火业务的 276 倍，如果没有战争的刺激，这些企业不可能大踏步发展。

经济实力支撑了金融发展，1920 年左右，华尔街已经成为新的金融中心，伦敦已经无力抗衡。从 1914 年到 1918 年，欧洲战场对于融资的需求让华尔街的金融机构成为最大的受益者，摩根银行为英国融资约 30 亿美元用于购买军需品。美国变为了资本输出国，在这个没有硝烟的战场，美国 4 年内对协约国借款 100 亿美元，从最大的债务国变成了最大的债权国。

自身的经济基础与金融职能，让美国的华尔街——原处于曼哈顿偏远地区一条短短的街道——成为新的世界金融中心。纽约证券交易所也成为世界上最大的、最具影响力的股票交易市场。企业订单刺激了股票价格，通用汽车在 1914 年底收于每股 81.5 美元，一年以后涨到了每股 500 美元。

但华尔街的发展并没有让当时的金融部门与经济部门很好地匹配起来，这也为危机埋下了种子。时至今日，金融与实体的匹配依然不是一件容易的事情。

　　这是 1927 年的夏天，这天一早，查尔斯·兰德来到公司，大楼里人们聊天的分贝要比往常高一些，似乎在讨论美联储将要降息的消息，此举是根据各国汇率及贸易协调后的结果。汤姆，他的同事，迎面走了过来并递给他今天的《纽约时报》："查尔斯你知道吗？美联储马上就要降息了。"查尔斯看了一眼后顺手将报纸放到公文包，他马上要和主管亨利参加美国商务会议，听一听经济学者和其他机构的观点。美联储降息进一步促进了宽松的信用环境。

　　查尔斯的业务更加繁忙起来，总有新的客户找他开立股票账户或咨询股票，领涨的是美国无线电公司和通用汽车公司。

20 世纪 20 年代，在经济空前增长和欢乐氛围的加持下，美国的股市发展是有目共睹的。类似查尔斯所在的股票经纪公司，在 1923 年约有 500 家，到了 1929 年，已经增加到 1650 家；日均股票交易量从 100 万股增加到 350 万股，1929 年的股票发行量相当于 1927 年的 6 倍。标准普尔 500 指数从 1928 年初的 17.1，一路上升到 1929 年 8 月份的 31.7，一年多的时间累计涨幅 85%。

股票杠杆交易是普遍现象。1927 年美联储开始降息，资金成本相对更低了，且投资人只需要支付 10% 的保证金就可以购买股票，剩余由经纪公司进行配资，这也支持了股市上涨，新的进入者一起推动着股票的上涨。

美国经济学家欧文·费雪（Irving Fisher）宣称："股票价格看起来已经到达一个永久性的高地。"资本市场，每10户人家中有1户投资股票。弗里德曼说："20年代是一个高度繁荣和增长的时期，汽车改变了美国人的生活，股票行情折射出美国人对于未来的美好憧憬。"

时任商务部长赫伯特·胡佛认为华尔街的现象是"疯狂的投机行为"。有一段时间，为了促使更多的资金流入盟友英国，确保英镑币值稳定，美联储强行地将利率维持在一个较低的水平，所以有人认为1926至1928年的投机热潮完全是在美联储的推波助澜下形成的，尽管它的初衷并不如此。

查尔斯对当下的繁荣是有忧虑的，他认为泡沫已经出现，股票投机者借助的杠杆在不断攀升，且至少要支付10%的利息费用，到底股票价格是被高估了还是基于对未来的合理预期呢？

道琼斯指数的上涨幅度已经远远超过GDP增速，市场上有两种声音，第一种以欧文·费雪为代表，认为经济和股票市场扩张是可以持续的；第二种声音来自奥地利学派，冯·米塞斯和他的学生们则认为经济早已埋下危机的种子，信贷带来的经济繁荣最终会出现崩溃，要么放弃信用扩张，让危机早点爆发，要么推迟危机的发生，让整个货币体系都卷进来，最终爆发更大的灾难。

2.3 100年前的美国房地产

100年前，美国不但有繁荣的房地产市场，还有房地产泡沫。

20世纪20年代的美国城市，已经形成了电力网、自来水网、燃气网、电话网等基础设施，甚至郊区居民都能够连接上这样的网络。城市人口已经超过总人口的一半，城镇化中，纽约、芝加哥等众多大城市的房价大幅上涨。城市居民住房抵押贷款从 1920 年到 1929 年增长了两倍，1929 年城市房地产抵押贷款余额为 279 亿美元，占到当年国民收入的 32%。图 2.4 显示 1925—1945 年美国房地产抵押贷款情况。

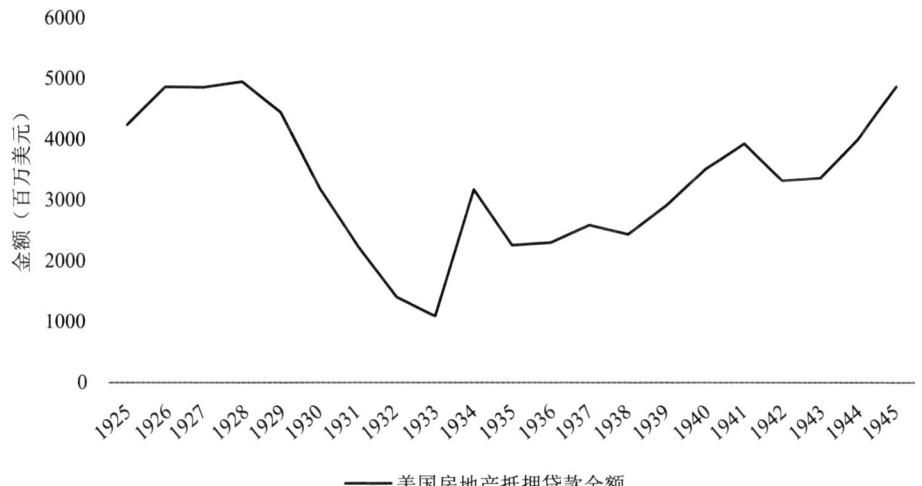

——美国房地产抵押贷款金额

图 2.4　1925—1945 年美国房地产抵押贷款

注：数据来源于 Bureau of Labor Statistics，Historical Statistics of the United States Colonial Times to the 1970，Part 2，page649。

1919 年到 1929 年是美国房地产市场的大繁荣时代，这 10 年修建的摩天大楼超过历史上任何时期，克莱斯勒大厦即是那个时代的标志性建筑。从 1924 年到 1929 年，每年新建筑的价值均超过了 100 亿美元，超过同期 GDP 的 10% 以上，政府颁布建筑许可证的价格已经多次翻倍。

美国钢铁行业的蓬勃发展也促进了房地产市场的繁荣，当时美国钢材年产量超过 6800 万吨，为工业生产、建筑业提供了基础原材料；而在 20 多年后的 1953 年，日本钢铁产量也仅有 766 万吨。

经济问题的本质
如何走出困境

查尔斯就住在百老汇街，从他家二层西侧的窗户，可以看到伍尔沃斯大楼，这栋大楼高241米，共57层，建于1913年，它是体现20世纪初纽约经济发展的纪念碑，被称为"商业大教堂"，是传奇商人弗兰克·伍尔沃斯出资建造的，这个老板通过销售廉价商品而成为全美头号富商。

阳光毫不吝啬地从窗外透进书房，查尔斯正在这里喝着咖啡，他的小儿子威廉跑进来问他，城市里正在修建的摩天大厦是什么，查尔斯放下手中的咖啡，告诉威廉这座大楼是福特汽车的对手克莱斯勒老板修建的，马上就要成为纽约最高的大厦，或许也是全美国或全世界最高的大厦，它正以每周4层的速度增长，它是在钢结构上用砖堆砌起来的。这时妻子也进来了，她拿起查尔斯的马克杯喝了一口问他，今年去佛罗里达度假的计划能不能提前准备，她想念沙滩上的冰镇可乐。查尔斯没有回应，他突然想起那里的房产价格已经翻番，而他的犹豫不决让他错过了绝佳的投资机会。

汽车打破了城乡间的阻隔，完善的道路系统能够让人享受沿途的风景，促进了郊区房地产的发展。度假胜地佛罗里达州的房屋价值也大幅上涨，"佛罗里达"是鲜花绽放的意思，这里有着无可比拟的交通和气候条件，去南方度假成了北方人的生活追求。普通人也加入了开车去佛罗里达度假的大军，因为私家车大大缩短了人们出行花费的时间。当时，滨海的地价高得离谱，就算离海岸20公里以外的土地依然受到追捧。

房地产投机成为当时显著的特征，"庞氏骗局"的创造者查尔斯·庞兹就在极其偏僻的郊区开发了一个小区，距离佛罗里达至少有100公里以上，他欺骗投资者，声称资金在两个月后就可以得到3倍的回报，他只是那个时代佛罗里达众多房地产投机分子中的一员。

2.4　消费文化的繁荣

人类的消费能力与生俱来，因为人们有很多消费欲望，远古人都会将贝壳、牙齿做成项链作为首饰。

在 20 世纪初，刺激人类消费欲望及行为的现象开始凸显，为了卖出更多的商品，商人们千方百计研究人性，费尽心思地吹嘘商品，尽可能地掏空消费者的钱包。

欲望膨胀、商品璀璨，生产者利用夸张的、有针对性的营销手段，刺激、推高人们的消费欲望，当时各种利用贷款进行炫富式消费的行为层出不穷。

1928 年的 12 月，查尔斯正在庭院听着收音机，广播中各种夸张语气的广告语不绝于耳，推销着花样各式的商品。尽管查尔斯的收入相当可观，好在他的妻子总是精打细算，几年工作下来也存下不小的一笔财富。

美国是现代营销的开创者，当时已经出现营销的核心概念"产品定位"。通用汽车把产品扩大为雪佛兰、别克、凯迪拉克，雪佛兰为平民轿车，而拥有一辆凯迪拉克则是成功的标志。福特也开始生产更加精致的 A 型车，采用了一台排量为 3.3L 的水冷直列四缸发动机，但查尔斯已经对福特品牌不感兴趣了，他想买一辆凯迪拉克。

人很难抵制诱惑，因此人们很难从历史中吸取经验教训。

商家非常会利用人们空虚及虚荣的心理，以及无法被填满的欲望沟壑。收音机中各种腔调的广告不绝于耳，说服消费者购买各种商品，群体消费文化已经形成，个人是否需要商品已经不重要了。

生产力带来了产量激增，但整体的消费不足（收入不足），有限的收入无法匹配无限的欲望。银行家们发现了这个生财之道：信贷。这让中产阶级拥有了前所未有的购买力。

信贷被银行家引入消费领域后，中产阶级透支了未来的购买力。并不富裕的人买下营销产品，不管他们是不是真的需要，用这种行为填满空虚的人生。

当时的汽车按揭贷款公司专门向社会大众提供汽车消费信贷，买车人只要支付 1/4 的售价就能购买汽车，剩余部分分期还款。到 1925 年，美国人 75% 的汽车、70% 的家具、75% 的收音机、90% 的钢琴以及 25% 的珠宝等都是以消费信贷的方式购买的。

一个从未有过的时代来临了，"五月花"号带来的传统清教徒道德已经土崩瓦解，享乐主义开始大行其道，就像菲茨杰拉德所说，"这是一个奇迹的时代，一个艺术的时代，一个挥金如土的时代，也是一个充满嘲讽的时代"。

经济发展会带来收入不平等程度的扩大，往往出现有消费需求的人没有消费能力，有消费能力的人没有消费需求的现象。对于没有购买力的人群，信贷是解决短期经济问题的利器，却在长期中暗暗积聚风险。经济往往自发地、默默地走向崩溃。

三、1929—1933，萧条带来的痛苦

在大萧条之前的 10 年里，人民生活繁荣富足，以 1929 年作为山岭，左边是青葱的景色，右边是季风无法到达的贫瘠。

一半是繁荣，一半是萧条。

1928 年，广播中不断传来时任美国总统柯立芝的国情咨文，他说美国从未遇到过比现在更加令人鼓舞的繁荣景象，人民安居乐业。

谁也不曾想到，就在柯立芝的热情洋溢的演说后不到一年，在 1929 年秋天，美国进入了史无前例的经济大萧条，直到 1941 年日本偷袭珍珠港，经济也没有完全恢复。

查尔斯观察到市场上乐观的情绪以及普遍的投机行为，他联想到英国的南海泡沫，金融市场其实已经开始暗暗地积聚风险。

1929 年初，股票指数不断上涨，波动也更频繁了，不断增长的交易额让查尔斯不得不经常加班处理交易记录。1929 年新发行的股票是 1927 年的 6 倍之多，购买股票的钱来自快速增长的配资，而且越来越多的杠杆操作发生在受监管、受保护的银行系统之外。

查尔斯隐隐地感觉大量加杠杆就是泡沫生成的预兆。到了 9 月，股票已经开始出现向下震荡，他在考虑要不要抛售一些国民银行和美国钢铁公司的股票，但所有人都嘲笑他的担忧。

3.1 股市大崩溃

1929 年的秋天，持续 10 多年的美国牛市突然调转了方向，道琼斯指数单日最大跌幅达到 22%，尽管随后股市有短暂反弹现象，但之后 3 年股票指数一泻千里，已从 1929 年的最高点下跌了 90%，用血本无归形容投资者并不为过。1929 年的美国股市崩溃是一个大事记，至今仍有不少人将这次股灾与大萧条相混淆，尽管两者有紧密联系，但并不是同一件事。图 2.5 显示 1900—1940 年美国道琼斯工业平均指数变化情况。

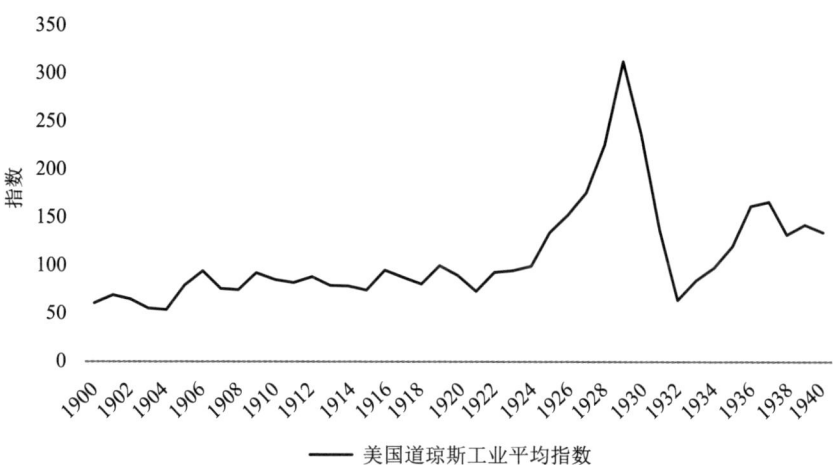

图 2.5　1900—1940 年道琼斯工业平均指数

注：数据来源于 Wind。

从 1920 年开始，股票价格在不到 10 年间翻了 3 倍，许多股票的市盈率高达 30 倍，大量的新手涌入股市，且购买股票的资金主要来自银行贷款，这都是泡沫产生的证据；其实从 1923 年开始，投机行为已经开始蔓延，你在哪里都能听到人们谈论股票，在酒店、在球场、在公共交通上，这与 2008 年次贷危机前，美国人民谈论房地产的情况如出一辙。

到了 1928 年，美联储对于股市泡沫感到愈加不安，但只有 14 岁、缺乏经验的美联储（主要发挥作用的是纽约联邦储备银行）计划通过提高利率的方式，限制继续涌入市场的资金，而这只能是加快了泡沫破裂。不仅仅是美国市场，英国等欧洲市场也嗅到了加息的信号，资金不断从美国市场抽逃。

1929 年 2 月起，为抑制投机活动，美联储开始采取紧缩的货币政策，再贴现利率从 1.5% 上调至 6%。对于市场来说，这是一个极其危险的行为，这与次贷危机前美国为了抑制房地产泡沫的加息行为极为相似。

欧文·费雪的好友罗杰·巴布森（Roger Babson）也是当时投资界的名人，同时也是从事经济危机和经济周期研究的专家，他最早对泡沫产生了担忧。

> 在 9 月的美国商务会议上，罗杰·巴布森告诉参会人员："好天气不可能永远持续下去，现在有比以往更多的人在参与信贷和投机。有一天，当市场开始出现下滑，卖家将会超过买家，而账面利润将开始消失。然后，大家立即疯狂抛售，以挽救账面利润。迟早会发生崩盘，工厂会关闭，这种恶性循环会达到顶峰，道琼斯指数会下降 60 点到 80 点。"

美国联合通讯社随即在头条发布这一消息："经济学家巴布森预测股票市场将会大跌 60 到 80 个点。"在这一消息发布的当天，股市下跌了 10 个点，跌幅为 2.6%。

随后，一些敏锐的投资者已经开始增加空头头寸，尤其是对高价股，据说约瑟夫·肯尼迪提早抛售了所有的股票，因为他发现擦鞋匠向他炫耀自己的内幕消息。

欧文·费雪在 10 月 15 日再次发表稳定市场的言论："我认为未来几个月的市场交易状况会比今天更好。"尽管一些经济学家发声稳定市场情绪，但这对于稳住恐慌的投机者无济于事。

股价在不断下跌，为何会下跌？因为持有者都在抛售、砸盘，为何大家都在抛售？因为价格在不断下跌，没有止住的意思。恐慌进一步强化了人们的想法："这些股票已经不具备任何价值了。"

经济问题的本质
如何走出困境

1929年10月29日，星期二，开盘后的半个小时的交易量就达到了平日全天的水平，有超过1600万美元的卖盘，最终股票价格一天内下跌了22%。人们把赚到的利润吐了回去，许多股票下跌超过50%。

这之后，所有的客户都接到了来自经纪人的补充保证金通知。当时投资者仅仅需要支付10%的保证金，就可以通过配资购买股票，随着股票的大幅下跌，投资者被要求支付更多的保证金来应对风险。如果你没有能力补充保证金，你的账户将会被关闭，就类似期货爆仓。

市场崩溃得如此之快与当时的保证金制度堆积的杠杆是分不开的，美联储的资金成本约为5%，到最后投资者的资金利息高达20%，中间的15%利息由机构收取。银行（或大型企业）向证券经纪人提供资金，证券经纪人向客户发放贷款，每一个环节都增加了资金成本。投机风气盛行，人们不再需要劳动，股票套利可比去工厂上班轻松太多了，这样的社会情绪必然会使金融脱离实体，引发危机。

绝望的感觉来自你看到账户上的数字下跌了近50%，损失带来的痛苦会让你一直瘫软在沙发上，股票进行竞价的投资者几乎都消失了。

当股票价格停止上涨，买盘供给趋于枯竭，通过保证金获得的所有权就会失去意义，人人都想要抛售股票，价格一落千丈。查尔斯不得不处理雪花一样的卖单，从普通工人到银行家，成群的人在抛售股票，提前逃走的投机者音信全无，而剩下的是哀鸿遍野。

高涨的投机热情后是惊恐和价格崩溃，一些成功的投机商在危机来临之前离开了股市。但查尔斯和大部分投资者可没有这么幸运，他的20万美元股票主要集中在汽车等龙头股票上，难以抽身。遭受重创的还有当时的通用汽车创始人杜兰特，股灾让他一蹶不振。

纽约股票崩溃与货币不足有着紧密的联系。受制于金本位，相较于 1920 年，10 年后的美国 M2 只增长了 33%，而 1929 年的股票指数较 1920 年上涨了 230%，这反映了市场上资金周转非常快，也反映出金融体系已经非常脆弱。

1929 年的崩溃仅仅是一个序幕，在 1930 年春的短暂反弹后，市场再次下跌，有些投资公司开始给员工放"水果假"，让破产的经纪人到街上卖水果，贴补家用。

到最后，美国钢铁公司和通用汽车公司的股价已经下降到其崩溃前的 8%；在这场股灾中，投资者共损失了 740 亿美元，相当于一战费用的 3 倍。当时一名学者在深度思考后，解释了赌博和股票投资的区别，他认为，赌博之所以能够赢钱，是因为一定有人输钱；而股票却能够永远赚钱，因为总有其他的投资者会以更高的价格买走你手中的股票。这是一个非常精辟的理论。

在极短的窗口期，股票是一个零和博弈，而人们的贪婪让资产泡沫坚挺了很久。股灾拉开了大萧条的序幕，让本就不健康的经济结构雪上加霜。

3.2 银行业危机

股市大崩溃，顺带揭开了银行体系积聚的风险。

当时美国有上万家的体量不等的银行，分散在美国各州，多数银行只有一间办公室，抗风险能力屡弱。

1930 年到 1933 年，美国每年倒闭的银行数量分别占银行总数量的 5.6%、10.5%、7.8%、12.9%，1933 年银行数量仅为 1929 年的一半。图 2.6 显示 1929—1936 年美国银行破产数量。

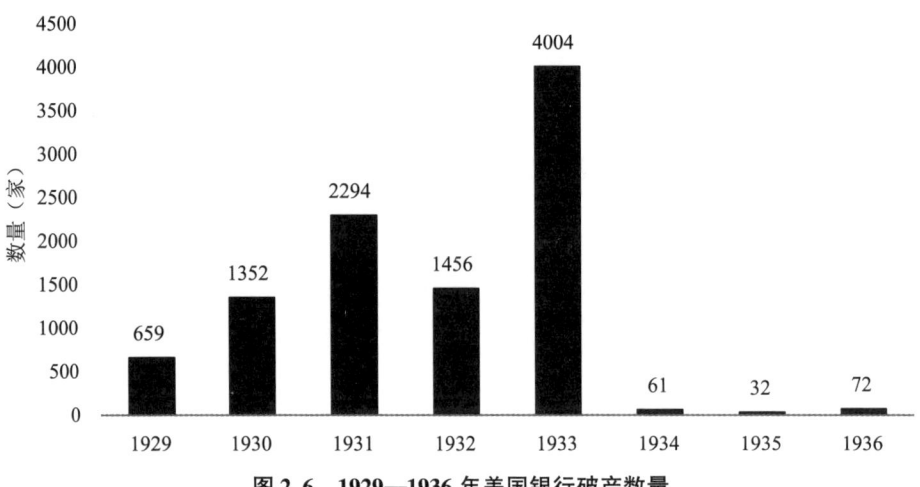

图 2.6　1929—1936 年美国银行破产数量

注：数据来源于 Bureau of Labor Statistics。

　　银行破产，会导致信贷和货币的萎缩，进而切断企业血脉——现金流，企业无法组织生产是经济萧条的本质。

　　我们认识到，信贷与货币的萎缩不仅仅是银行的问题，还是全社会的问题，是人们的预期转弱、恐慌挤兑导致的，也就是说经济问题导致了信贷萎缩，而不仅仅是信贷萎缩导致了经济问题，这两者互为因果。

　　作为自由之地，当时美国银行业的准入门槛并不高，多是小型银行，监管的力度十分松散，商业银行可以同时经营证券投资业务，贷款投向也缺乏明确标准，至少30%的银行信贷资金直接发放给证券经纪人，此外，银行的贷款有相当一部分是消费贷款，这种情况下的银行倒闭也并不令人意外。依据弗里德曼的统计，在大萧条期间共发生了三次银行业危机：

　　第一次银行业危机发生在 1930 年 10 月，在印第安纳和伊利诺伊州，悲观的储户希望从银行取出存款，但银行难以及时兑付，恐慌的气味开始弥漫。到了年底，"美国银行"加入了破产行列，它拥有 40

万存款者，尽管这是一家私营的企业，由于名字的特殊性，它的破产对于公众信心的打击极大，美联储对此也深感震惊。

第二次银行业危机发生在 1931 年 3 月，源于国际市场的交叉影响，在金本位下，为增加货币供给，美国加大国内黄金输入，这必然导致欧洲市场的黄金减少及货币紧缩（在 1931 年 9 月，英国率先脱离了金本位制）。受美国经济的影响，奥地利及德国的银行也开始出现破产，这些银行冻结美国的国外资产，这反过来又加重了美国金融系统的压力。与第一次银行业危机相比较，第二次银行业危机持续的时间更长，在半年中商业银行存款减少了 27 亿美元，总的货币存量下降了 5.5%。

不得已，在 1932 年 4 月，纽约联邦储备银行开始在公开市场买入证券，向市场注入了 3.5 亿美元流动性，我们能看到这与 70 多年后伯南克施行的资产购买非常类似。资产购买缓解了危机第一年的信贷紧缩，但此举并没有拯救货币及信贷的进一步萎缩，主要原因是刺激力度远远没有达到使市场回到正常水平的程度，对比美国量化宽松的资产购买力度，当时的购买规模真是不值一提。

第三次银行业危机发生在 1933 年初，美国中部和西部地区的银行大范围倒闭，年初两个月内，公众持有货币的数量增加了 16%，这说明恐慌和挤兑仍然存在。

1933 年 3 月，罗斯福最终宣布施行全面银行歇业，暂停黄金偿付和对外输出，用于暂停民众恐慌。在缓慢的复苏过程中，银行家的态度发生了明显变化，他们经历了 1930 至 1933 年残酷的经济危机的洗礼，普遍变得更加谨慎并趋于保守。在 1933 年初，货币存量以 78% 的速度下降，这足以摧毁任何经济体，当时无论大家如何施压，银行家们就是不愿意放贷，没有贷款，也就没有货币创造过程。

危机中的居民，不断想把存款取出来放到自己的枕头下面，这是一个严重的问题，银行挤兑不但会使银行发生连锁破产，也会使货币乘数降低，而这个乘数可以用来衡量经济活跃程度。

拯救一个恐慌或衰退的、巨大的经济体，需要的刺激程度和货币量是超过人们想象的，而政策制定者往往审慎制定救助方案和投入，有时会错过最好的救助时机。

导致银行危机的因素还包括：金本位的货币制度，这副"黄金镣铐"限制了货币供给能力。对于现代经济，金本位确实存在一定的弊端，一是受制于黄金储备有限，货币供给的能力有限；二是劣币驱逐良币始终存在，经济人和国家都有保存黄金的偏好。

据统计，大萧条期间，9000 家大小银行破产，给股东和储户造成了超过 25 亿美元的损失。银行倒闭带来了两个严重的后果：一是给储户和债权人带来损失，遭受损失的人会进一步削减自身的支出，给予经济向下的压力；二是造成了严重货币供给不足问题，当基础货币周转速度下降时，广义货币就会锐减，按照货币数量论：$MV = PY$，货币量 M 的下降会带来产出 Y 的萎缩，且当时货币周转速度 V 也在同时下降，经济下滑程度可想而知。而大萧条时期，对于货币与经济之间关系的认识并不充分，人们一度认为货币量是无关紧要的。

银行体系是现代经济运行的血脉，血液流通出现了问题，经济这个肌体必然受到冲击。

3.3　经济进入寒冬

金融与经济是一个整体，金融的混乱导致经济生产和分配无法有效进行。

股市的崩溃导致个人与企业遭受严重损失（一些企业巨头把利润用于股票投机而非生产投资），加之金融体系尤其是银行业的崩溃，上万家银行倒闭让货币大量消失，造成3万多家企业由于收益不足而破产，这削弱了社会生产力与进一步投资的能力，并让悲观情绪蔓延，产生了经济负向加强效应。

企业破产带来负向的乘数效应，与政府投资发展带来正向的乘数效应原理一致。

股市和银行体系崩溃后，经济进入寒冬，美国民众本以为衰退很快就会过去，现实是萧条和痛苦持续了13年之久。

整个社会资金面紧张，企业的日子不可能好过，为减少亏损，裁员成了它们的选择之一，时至今日依然是它们的选择。一个行业的贫困导致了另一个行业的贫困，一个阶层的困苦导致另一个阶层的困苦，任何一方都没有钱购买另一方的产品。

1933年的美国总产出还不到1929年的1/3，铁路运输量、钢铁及煤炭产量、汽车产量都在下降，直到1937年总产出才恢复到1929年的水平。

严重的通缩带来价格的严重下滑，在1934年，切斯特·约翰逊美术馆破产，毕加索的画作仅仅卖出了400美元，而胡安格里斯的一幅画只卖了17.5美元。

当时的技术革命使生产时效增长75%以上，为维持价格和购买力，新增货币及公众的工资是需要同步增加的，但货币供给没有增加（受制于金本位等因素），工资亦没有增加，因此发生通缩几乎是必然的。从图2.7可以看出，1920年到1932年，货币供给尤其是M1，几乎没有增长。通缩的危害还在于伤害民众情绪，削弱了他们的安全感，使支出陷入进一步下滑的恶性循环。

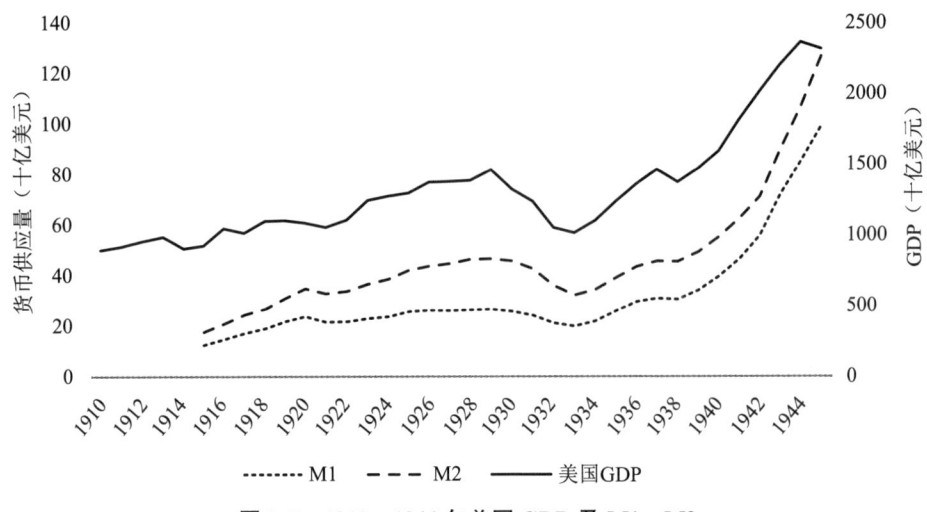

图2.7 1910—1944年美国GDP及M1、M2

注：GDP 数据来源于 Maddison Project Database（MPD）2020，GDP 使用 2011 年的不变价格计算得到；M1、M2 数据来源于 Bureau of Labor Statistics, Historical Statistics of the United States Colonial Times to the 1970, Part 2, page992。

1932 年，美国爆发了多起激烈的罢工，全部以失败告终。残酷的经济寒冬下，工人每月收入在 10 美元左右，还要接受严苛的监管，以及自费购买自身公司的产品等要求，一旦工人反抗，国民警卫队就会实行血腥镇压。

信贷的萎缩让实体经济饱受苦难。当时美国的制造业、农业、家庭都高度依赖银行贷款，银行的破产、恐慌的情绪致使小企业根本无法从银行获得一分钱，即使是优质企业也难以获得营运资金。一个行业的萎缩会在上下游传导：危机的 4 年里，汽车生产减少了 70%，钢铁、矿石、煤炭的需求同样下降；建筑业投资下滑导致对于建筑材料的需求下跌，市场也不需要那么多的建筑工人，提供原材料的厂商也面临裁员问题；居住在大型工业化城市的人遭遇了恶劣的失业潮，克利夫兰市的失业率达到了 50%，托莱多市的失业率高达 80%。

这一年，华尔街有2000家投资公司歇业，此时的就业形势已经远远不如几年前，梅西百货的电梯员被要求拥有学士学位。丽莉不停地向查尔斯抱怨，她不知道为什么一切都在崩溃，为什么那么多人，包括她都会失去工作，她之前在一个贸易公司担任会计。

1929年，失业人口占总劳动力的3%，而到1933年，这个数字达到了25%。在一些工业城镇，失业率超过了50%。GDP的增长率与失业率是呈负相关的，美国1929年的GDP水平在1937年才得以恢复，然而尽管产出恢复了，但失业率仍然处于非正常的水平上。10年过后，在1939年，人均GDP终于超过了1929年的水平，失业率仍然是1929年的5倍。约有150至200万失业者四处流浪，假如要使这些人加入经济社会，需要额外匹配货币，而当时被认为不作为的美联储并没有及时、稳定地提升货币总量。1933年，由于找不到工作，大量的工人涌上纽约、底特律、华盛顿、旧金山开展了大游行。图2.8显示1920—1945年美国失业率变化情况。

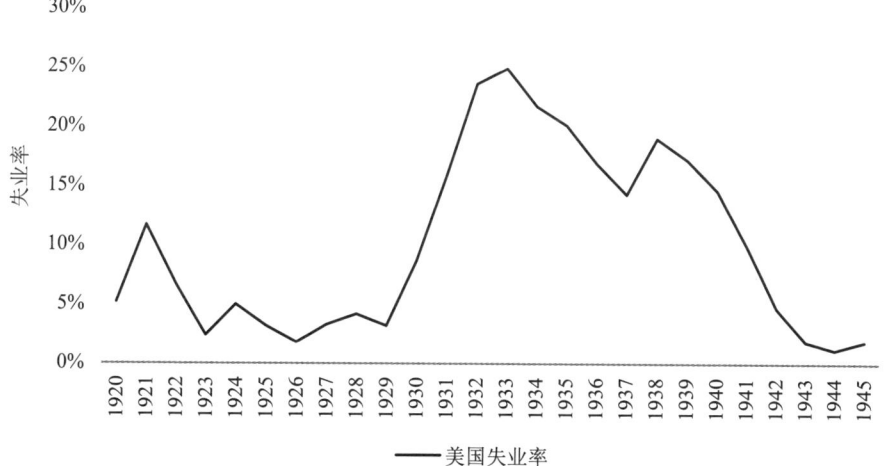

图2.8 1920—1945年美国失业率

注：数据来源于 Bureau of Labor Statistics, Historical Statistics of the United States Colonial Times to the 1970, Part I (U.S. Government Printing Office, 1975), Series D 85 – 86 Unemployment: 1890 – 1970, 135.

经济的下滑还导致军人的抚恤金无法按时发出，1932 年 6 月，包括一战老兵在内的大批示威者于华盛顿特区聚集并扎营。政府表示能做的只有向示威者支付回家路费，结果只有少数人愿意离开。华盛顿警方试图驱散示威人群，但因误杀两名退伍军官而引起更大混乱。政府不得不调动军队去平息事态，而镇压示威的指挥官是著名的麦克阿瑟将军，武力清场还导致数百名群众受伤。

如果说 19 世纪经济学界有什么共识的话，那就是市场具有自我调节功能，并总能回到均衡水平。而大萧条中经济的自我恢复迟迟没有发生。危机期间，物物交换重新出现了，理发师用剪发服务来交换洋葱和土豆，这体现了基本经济制度的破坏程度。

3.4 饥饿的人们

"千百万人只能像畜生那样生活，才免于死亡。"这句话摘自《光荣与梦想》。

从 1929 年中期开始，不仅是低收入群体难以度日，在城市中，部分骄傲的、精致的美国人沦为流浪汉，捡垃圾为食。城市有轨电车上每天都有人晕倒，送到诊所以后诊断结果多数都是饥饿过度。黑帮开始做慈善，帮助失业人群，提供牛肉、面包、咖啡和甜甜圈。在纽约一些城区，卡车司机偶尔会从车上掉下来一箱橘子，并假装对散落一地的水果一无所知，很快就有饥饿的双手将散落一地的橘子瓜分一空。

问题在于，人们没有理由忍饥挨饿。拖拉机等机械化装置在美国首先兴起，美国境内收割机的数量从 1920 年的 4000 台增至 1930 年的 6 万台，1940 年进一步增至 19 万台，西部可耕种土地面积在不断扩大，美国农民将农业产量提高到了人类历史上新的水平，为此有人提出了产品过剩是造成危机的原因。

而在 1933 年 9 月，罗斯福政府下令屠杀 600 万头猪，这大大刺激了美国公众的神经，人们不明白为何要糟蹋优质蛋白质，很多的美国家庭，几年来连一口猪肉都没有吃过。

城市的繁华被悲痛和消沉替代，彩色的画面变成了黑白，像是高兴过头后摔了个狗啃泥。

在一战期间，欧洲忙于战事无暇进行正常的农业生产，美国农业在此阶段大踏步发展；战后欧洲农业复苏，美国农产品出口大幅下跌。整体市场本就是供过于求，这确实是一方面问题。

自 1929 年底，农产品的售价开始下跌。在 10 个月的时间内，小麦的价格累计下跌 35% 以上（如图 2.9 所示），玉米下跌 25%。正如上文所述，货币量及货币周转速度的同时下跌，导致了农产品价格的下降，农产品的价格已经低到成本倒挂了。其实，尽管货币存量的下降压低了农产品价格，然而收入下降问题更为严重，由于都没有"钱"，人们仍然没有足够的收入去支付食品，农民没有足够的收入去偿还贷款或再生产。

图 2.9　1900—1944 年美国小麦价格

注：数据来源于 Bureau of Labor Statistics，Historical Statistics of the United States Colonial Times to the 1970，Part I，page208。

1910 年，农民的收入为工人收入的 40%，而到 1930 年时，这一比例已低于 30%，个体农民成为过去，取而代之的是农业控股公司。由于通缩导致的资不抵债，很多农场主因为还不起贷款而被债权人拿走所有土地。1929 到 1933 年，有 100 多万农户失去了土地，50% 的农户无法按时偿还抵押贷款。

在 1929 年，美国共生产了 110 亿加仑牛奶，威斯康星州、明尼苏达州、纽约州是美国当时最大的三个产奶州，牛奶产量分别为 12 亿、8.25 亿、8 亿加仑。农场主将成吨的优质牛奶倒入密西西比河，白色浑浊的泡沫在河道蔓延。《愤怒的葡萄》一书描写大萧条中的焦头烂额的美国农民，谷物一车车完全卖不出去，牲畜卖不掉又养不起，只得宰杀后扔入山谷底，他们的劳动因为这场经济危机变得毫无意义。主人公从俄克拉何马州流浪到加利福尼亚州，他沿途见到流浪的农民处于绝境："有五千户人家饥肠辘辘。"

3.5　大萧条时期的文化

苦难并非一无是处，苦难往往让人的精神发光。

在大萧条期间，值得关注的社会现象是禁酒以及电影文化的兴起。

禁酒令。为了减少罪恶的禁酒令反而滋生了罪恶。

为了确保在战争时期有充足的粮食，禁酒成为美国一项临时禁令。在 1920 年《沃尔斯特法案》正式生效后，禁酒成了一项法律，直到 1933 年，整个美国社会都在禁酒令的管制之下。禁酒令完美地诠释了管制产生的资源配置低效，导致黑市的产生。商品"管制"是经济学的经典案例。

按照法案规定：制造、售卖、运输酒精含量超过 0.5% 以上的酒精饮料皆属违法；美国公民可在家中饮酒，但与朋友共饮或举行酒宴属于违法；21 岁以上的成年人需要在出示年龄证明的情况下才可以在指定地方买酒。

人总是追逐离开我们的东西，同时逃避追逐我们的东西。

禁酒令期间，美国酒类销量反而大大提高，走私快艇上装满了威士忌与朗姆酒，载满啤酒的卡车在街上飞驰。原本喜欢喝酒的人只在想喝的时候会买酒，可有了禁酒令后，人们一有机会就会囤酒，而且官方越是不让喝，大家私下里就越是想喝。找不到工作，大萧条期间犯罪率居高不下，盗窃、走私、贩酒等非法活动司空见惯，就像《教父》电影中描画的一样，酒精也是柯里昂家族的主业之一。禁酒令不仅没有促成美国社会的稳定和谐，反而促成了黑帮势力的迅速崛起。原本美国的黑帮缺乏资金来源，所以一直处于小打小闹状态，可禁酒令实施后，黑帮通过走私和地下私酒酿制生意赚得盆满钵满。为了私酒生意能够畅通无阻，黑帮还渗透进了警界，造成了警匪一家的局面，整个社会的安全系数大大降低。禁酒令对于人均酒精消费几乎没有影响，仅仅是出现了短暂的下滑，在黑帮经手酒水生意后，酒精的消费量可能还增加了。《了不起的盖茨比》中的盖茨比大概率也是靠倒卖酒精发的家，尽管这在小说中没有明示。

美国禁酒令执行了长达 14 年时间。罗斯福当选总统后，美国国会通过第 21 条宪法修正案，正式废除了宪法第 18 号修正案，即禁酒法案，全国上下一片欢腾，这也是美国历史上唯一一个被废除的宪法修正案。

电影文化的兴起。公共场合不得饮酒，人们选了电影作为消遣。

大萧条期间电影事业蓬勃发展，并延续到今天。喜剧大师查理·卓别林是当时电影的代表人物，他制作的那些电影夸张展现了大萧条时代的画面。1931 年的电影《城市之光》简短地触及了对失业的讽刺，卓别林扮演一个饥肠辘辘的流浪汉，劝阻一位股票经纪人不要自杀，卓别林拍打着自己瘦弱的胸膛，力劝那位大块头振作起来。

迪士尼轻松愉快的动画在大萧条时代最受欢迎，并延续到了今天，米奇老鼠、白雪公主、匹诺曹，一系列老少咸宜、脍炙人口的经典形象都诞生于大萧条时代。

四、美国政府的应对措施

面对如此严重的经济状况，美国政府需要做点什么去阻止经济进一步恶化。经历萧条的美国人民中，有不少学者、政客甚至认为有些东西要向苏联学习："苏联有计划的经济仿佛更胜一筹。"

4.1 这超出了胡佛的能力范围

赫伯特·胡佛（Herbert Clark Hoover），是大萧条期间的焦点人物之一，在 1929 年大萧条的开端，他成为美国第 31 任总统。

局限于当时经济金融理论水平，胡佛及其智囊团缺乏关于债务危机、货币政策、银行监管等方面的知识，他并没有及时带领美国走出困境，这超出了胡佛的能力范围。

如此大的经济及金融部门的危机，历史上从来没有发生过。

4.1.1 胡佛的传奇经历

胡佛出生于 1874 年，年仅 9 岁就成了孤儿，只得寄宿在亲戚家里。1891 年斯坦福大学建校，胡佛作为第一批学生被免予学费入学，胡佛也自称他是斯坦福的第一个学生。

1899 年，25 岁的胡佛携新婚妻子来到中国，作为英国墨林采矿公司的驻华代表。胡佛一共在中国工作 3 年，他能够熟练使用中文，在入主白宫后，夫妇二人还常为便于秘密交谈而使用中文对话。

在中国工作期间，胡佛参与运作了"开平煤矿"的倒卖，并收获颇丰，胡佛在开平煤矿史料上的名字叫胡华。官督商办的开平煤矿是清末洋务运动的产物，是一家大型新式采煤企业，李鸿章是最初的筹划者。胡佛花费大量精力，全面调查了开平煤矿，他估算可采煤量大约在 3.25 亿吨，即使煤价定为每吨仅"6 便士"，就得出超过 800 万英镑的巨大数额，开平煤矿成为西方列强眼中的一块"肥肉"。1900 年煤矿因为经营不善，被洋人以极低的价格"买去"。

1917 年美国参战后，时任总统伍德罗·威尔逊指派胡佛为食品管理局局长；1921 年至 1928 年，胡佛分别在哈丁和柯立芝政府中担任商务部长，在他担任美国商务部长时，就曾多次指责华尔街的投机行为，并希望能够阻止人们的疯狂。

在 1929 年大萧条之前，胡佛希望经济按照自身的规律发展，而不进行过多的干扰。他仿佛在干预与放任之间寻求一条"中间路线"，在经济方面虽然不强调行政指令，但他也希望企业与政府之间建立良好的合作关系，通过建立"行业协会"并发挥组织作用来调节行业内发展、规划、竞争、行业标准等问题，进而影响国民经济。

1929 年 4 月，胡佛正式就任总统，他信誓旦旦地对公众说："我们正在取得对贫困战争决定性胜利的前夜，贫民窟将从美国消失。"刚一就任，他就与美联储探讨股市泡沫和加息问题，希望政府能引导经济向健康的方面发展。但随后的萧条却让他始料未及，经济进入史无前例的通缩。起初，胡佛还是相信市场能够自发调节并回到正轨，他不会想到混乱的局面会伴随他的整个任期。

4.1.2   总统尝试拯救经济

焦头烂额的胡佛意识到,对于经济螺旋式的下滑,政府应该做点什么,如果市场信心不恢复,就不会有好的预期,消费会萎靡不振,生产也会下滑。胡佛试图稳定公众情绪,他说:"我们国家经济形势基本健康,我将采取一系列措施,帮助国民重树信心。"胡佛的具体措施有:

其一,试图稳定价格水平。1929 年 11 月,胡佛把亨利·福特等商业领袖都召集到了白宫,召开经济形势研讨会,给他们注入信心,建议企业家维持工人阶级的薪酬水平。一开始,被安抚的企业家信心高涨,甚至认为新的一轮增长即将到来。与胡佛会面后,福特公司降低了汽车销售价格,并维持了工人的工资;当时的农业委员会也购买了 6000 万蒲式耳小麦和 133 万包棉花,但是最终都没能阻止价格下降的趋势。

虽然采取维持价格的政策是正确的,但是采取行政手段来维持价格是错误的。行政维持价格,则销量及营收下降,企业不得不裁员削减成本,失业者失去收入丧失了购买力,企业销售额进一步萎靡,企业不得不进一步大范围裁员,引起经济全面通缩。

在萧条中,一个行业的收缩传染到各个部门以及金融系统,任何一方都没有钱购买另一方的产品。**采用行政命令维持价格是无效的,正确的措施是扩大广义货币供给,从而维持价格水平。**

其二,采取积极的政府投资。减税和基础设施投资是胡佛优秀政策操作之一,在胡佛的任期内,美国政府公共投资 7 亿美元,是 1920 至 1929 年联邦政府所有投资的 3 倍之多,共修筑了 3.7 万英里的公路,还包括亚利桑那州的胡佛水坝(Hoover Dam)——《变形金刚》电影中囚禁威震天的地方。财政支出在一定程度上缓解了经济问题,但是恢复经济需要"多管齐下",单单这些投资,还远不足以重启经济循环，尤其是没有搭配适宜的货币政策。

其三，由"自愿救济"转向"政府救济"。 1932 年 1 月，胡佛在执政的最后一年成立了复兴金融公司，用于救助银行、保险公司、铁路等大型企业，但有些十分困难的银行不愿意进入救助名单，他们害怕这会导致公众的不信任。同时，胡佛还成立了美国联邦住宅贷款银行，救助还不起房贷的个人。**胡佛的救助措施不是方向不对，而是力度不够，客观上受制于当时的货币供给机制，最终经济还是没有充分回到正常水平。**

其四，采取贸易保护政策。 胡佛也有拙劣政策措施，就是提高关税水平，这种行为在当下也被效仿。由于协约国无力偿还贷款，这进一步加重了美国的经济问题，美国某种程度上打算采用贸易保护主义政策防止经济进一步恶化。

1932 年，胡佛签字通过了《斯姆特–霍利关税法》，上调了 3000 多项产品关税，进口税率平均从 40% 上涨到 48%，这项法案并没有达到保护美国经济的初衷，只使得其他国家赚取美元变得愈加困难，这就遭到别国不可避免的报复，例如西班牙提高了美国汽车的进口关税。到 1932 年夏天，许多国家的工业产量只及 1928 年产量的一半，1928 年欧洲贸易额为 580 亿美元，到 1935 年下降至 208 亿美元，这一下降反过来又打击了海洋运输、造船和保险等行业。

贸易保护政策还破坏了当时的全球资本流动，美国是净债权国，如果美国进口更少，那么其他国家就更难以获得美元还债，这把美国的债权人和其他国家债务人都推到了更艰难的局面，不但带来了出口或者投资下降，而且破坏了当时的国际合作氛围，刺激了"全世界的民族主义情绪"。

贸易保护政策从来都不会使任何一方真正受益。

胡佛的尴尬在于，无论采取什么样的经济措施都将受人诟病。其实胡佛也是受害者，当时危如累卵的局面并不是他造成的（危机在繁荣中已经注定），而且从来没有类似的历史经验能够借鉴，只怕是大部分人都难以应对如此棘手的情况。他的组织能力和富有感染力的演说还是起到一些正面作用，尽管，没有完全阻止糟糕的结果。

人们把纽约城郊流浪者聚居的地方称为"胡佛村"，不幸的胡佛成为人们宣泄和调侃的对象。

最终，1932 年末，在总统竞选中，胡佛只获得了两个州的选民支持，人们对他的全力以赴视而不见，选民对他肆意抨击，这让胡佛深感气馁。1933 年 3 月，带着难言的苦闷，胡佛黯然神伤地离开了华盛顿，胡佛一家先是在纽约的一家饭店住了些日子，随后就搬回了加州老家。

4.2　年幼的美联储

20 世纪初期，货币与经济间的关系还没有被充分认识。

从 1928 年起，美联储不但没有处理好股票泡沫问题，更是加剧了泡沫破裂。受当时古典经济学的影响，大家普遍相信市场的自发调节，美联储始终没有主动发挥货币政策的作用。

纵使美联储已经开始意识到股票市场过度的投机行为以及产生的巨大泡沫，但其处理泡沫的经验仍然不足，且由于内部分歧，它无法正常行使职能，最终粗暴地刺破泡沫推倒了第一张"多米诺骨牌"。据说，当时有一位有能力的银行家叫本杰明·斯特朗，但他遗憾地在 1928 年去世了，没有能够来得及组织应对 1929 年大萧条的策略，他的主要观点之一是"适度的通胀有助于经济"。

面对大萧条，美联储不合时宜的措施有三点：

第一点，仓促地干预股市的资金供给。美联储限制银行发放贷款给股票经纪商（从 1920 年到 1928 年，用于经纪人配资的额度贷款已经从 10 亿美元涨到 60 亿美元），但为时已晚，输入股票市场的贷款至少占银行总贷款的 20%，当此条资金路线被堵住后，非银行金融机构及影子银行迅速填补了这部分资金需求，从 1928 年一季度开始，非银行渠道提供了近一半的经纪商资金需求，公司及个人的资金也大规模流入股市，例如标准石油（Standard Oil）。资金仍然在源源不断流向股市，美联储的限制措施不但没有起到效果，且给予市场一个信号：美联储认为泡沫已经产生了。

第二点，美联储上调利率，希望通过提高融资成本抑制投机行为，但结果是让个人与机构加速破产。1929 年基准利率为 6%，而在几年前则是 1.5%，大幅提高的利率让借助杠杆炒股并希望由此发财的民众不得不负担更高的资金成本，散户的资金利息成本高达 15% 以上。高额的利息支出使投资者很快就发生了资金断裂，股市的买盘枯竭，并发生了崩溃。用大开大合的货币政策应对资产泡沫，这只能是让危机更早地来到，同样的剧情在 2008 年再次重演。

第三点，在危机开始后，美联储的救助并不及时，拒绝向市场注入流动性，银行体系无法正常进行货币创造，经济始终难以回归到轨道上。在 1930 年，胡佛明确建议美联储采取公开市场操作，降低再贴现率，以此保证货币体系有充足的供给："通过公开市场业务并且降低贴现率来进一步扩张信贷，以抵消外国提款造成的信贷紧缩。我们希望萧条时期信贷扩张会有一些作用。"遗憾的是美联储没有完全听从胡佛的建议，并坚持依靠调整基准利率进行调控，1931 年，美联储居然多次下令调高贴现率。

大萧条后，美国货币量是萎缩的，货币量的缩减必然导致经济的衰退，这个逻辑关系很容易被理解。

美联储认识到了银行挤兑带来的恶性传染效应，却始终没有提供充足的流动性。

无论如何，金本位制是危机的帮凶，它限制了央行自主"印钞"的能力。在 18 世纪中叶以后，英国逐渐形成了以黄金为主要货币的单一本位制，这是人类历史上最早的实际意义上的金本位。随着生产力的增长，需要同步匹配更多的货币，而黄金的增长是难以人为决定的（各国还陷入了对黄金储备的争夺），发展到后来，金本位更像是一副镣铐，束缚了货币的供给，抑制了经济增长。

4.3 罗斯福新政

身残志坚的富兰克林·罗斯福于 1933 年 3 月 4 日宣誓就任美国第 32 任总统。作为胡佛的接替者，他推行失业救济、拯救银行业、加大政府投资，这一系列措施被称为罗斯福新政（The New Deal），新政具有浓烈的凯恩斯主义色彩，并在实践中不断试错，自我修正。

大萧条已经持续了 4 年，在智囊团的协助下，罗斯福开始拯救美国经济于水火。他的具体措施包括：

其一，挽救银行体系。罗斯福利用炉边谈话节目在广播里对国民解释企业、银行和民众的关系，承诺政府会对存款提供 100% 安全保障，劝说大家把钱存入银行，而不是放到床底下。与民众的直接对话，这对于稳定社会情绪起到了很好的作用，约有 6000 万人收听了此次讲话，银行门口开始有人排队。

他明确地告诉公众，银行不仅仅是一个储存现金的地方，它能够创造货币，是经济发生良性循环的重要机构。

为了完全稳定银行业、消除民众的疑虑，罗斯福推动建立了"存款保险制度"，这个制度的"心理增强作用"大于实际的保障作用。当储户的存款由于所在银行破产无法兑付时，其他金融机构会对它进行救助，避免储户血本无归。这一制度也被英国、日本等国家效仿。这项制度能够显著提升银行的抗风险能力，有效地应对了挤兑的发生。银行是货币创造的主体，当储户将数十亿美元现金和黄金从床垫搬回银行，货币乘数才得以发生变化，一个社会的货币体系才得以恢复。

1934年，银行存款开始大量回流；到了1937年，对比罗斯福刚刚就职时，美国货币增长了42%。

其二，解决债务问题。罗斯福新政注重解决已经存在的债务积压问题，减轻公民债务负担。罗斯福上任后立即拨款5亿美元，用于照顾各地需要紧急救助的借款人。

1934年，有1/3的美国民众无法按时偿还住房贷款，而且他们的偿债能力在不断下降。国会积极缓解农民和房屋所有者在分期付款方面承受的压力。美国住房贷款法规定，房主无力偿还时，可以用房产向政府抵押并获取救助，从而使许多人保住了房屋。

其三，"以工代赈"救济计划成就显著。在促进就业方面，罗斯福创建了国民自然资源保护队，雇佣了25万名年轻人，从事森林保护、防洪和绿化等工作。罗斯福要求国会通过《全国工业复兴法》，要求企业家们"公平竞争"，规定各企业生产的规模、价格、销售范围，设置最高工时和最低工资，将工人每周工作55个小时缩减至40个小时，每周工资从60美分提高到12美元。

在农业方面，国会通过《农业调整法》，积极推动安排合理的种植计划，防止农业领域过度生产，平抑农产品价格。

其四，完善金融体系。罗斯福在任期间整顿了整个央行体系，将各州联邦储备银行的权力统一交到华盛顿委员会，各州联储不得单独从事公开市场业务，而需要通过"公开市场委员会"制定利率政策，集中力量消灭投机行为。

1933年，美国取消金本位制并颁布《银行法》，限制商业银行从事股票投机，区分了"投资银行"与"商业银行"——J. P. 摩根成为一家商业银行，摩根士丹利拆分为投资银行——这一概念至今仍然沿用。储户的存款不得用于证券交易。同年，美国颁布《证券法》并成立证监会，制定注册制股票发行制度，要求企业披露自身的资产负债表等关键信息，让所有人都有平等获得企业信息的机会，也让企业接受大众的监督，这一系列的金融制度建设形成了现代金融体系监管的基本框架。

罗斯福新政也有不少反对的声音。人们总是愿意看到自己想要看到的，听到自己想要听到的。一些传统经济学者坚定地相信市场的自发调节功能，并抨击罗斯福的干预措施。

倡导自由的人士认为新政的弊端很明显。他们认为，复苏是短暂的。尽管在 1935 年，罗斯福推出的经济刺激计划在一定程度上使经济好转；但自 1937 年开始，美国政府停止投资刺激后，经济又出现了严重的倒退，企业产量下降，失业人口再次超过 1000 万，经济再次萧条。因此，他们认为罗斯福施行经济刺激不可持续，一旦停止，经济将重新回到低谷。此外，联邦政府的大额支出，也加大国家负担，政府支出在 1930 年不足 GDP 的 4%，而在 1936 年，占到 GDP 的 9%；同时联邦政府还扩大了征税群体的基数，管控延伸到银行、电力、社会保险等公用事业。

罗斯福是否把美国经济带出了大萧条？

本·伯南克的观点是罗斯福新政结束了通货紧缩，重建了金融体系，为经济复苏扫清了障碍。

第三部分　解释大萧条，
宏观经济学的"圣杯"

解决经济萧条问题，既要借鉴凯恩斯的"有效投资"，也需要吸收奥地利学派的市场"自我恢复"理论，也就是说经济肌体出了问题，既要用对药、用对剂量，也要依靠自身的免疫系统。

解释大萧条是一个力气活儿。

危机期间，美国的汽车、钢铁、石油等企业部门，银行、保险公司等金融部门，以及美联储等监管机构都出现了不同方面、不同程度的问题，这些复杂的问题相互影响、不断交织，演化出美国萧条的景象。

20世纪初，内燃机与电气化带来了经济的巨大变革，在经济建筑之上，社会思潮也处于不断变化之中，资本主义、共产主义、无政府主义的社会政治制度探索裹挟着经济争端，国际秩序处于重建之中。在大萧条期间，不少美国人开始感叹苏联经济模式的井井有条，对于自身的经济方式产生了怀疑。

大萧条经济危机的爆发，是**债务危机**、**贫富差距**、**投机狂热**、**货币萎缩**、**监管不足**等众多复杂因素的叠加，因此剖析大萧条是一项大工程。

反向思考一下这次经济大萧条，一个经济体在科技水平不断进步、人口规模基本保持不变、资本还在不断积累、没有瘟疫或战争这些外部冲击的情况下，产出、就业却断崖式下跌，我们可以推断这不是一个正常的经济现象。

这样的形势迫使经济学家去反思主流的古典经济理论，资本主义市场到底是不是完美的？在后续的100年里，解释大萧条是经济学者的研究重点之一。

一、市场似乎并不完美

在《国富论》中，苏格兰思想家亚当·斯密提出，经济人自私地追求自身的利益和目标时，能够自发地形成有效的、稳定的市场，每个人都能够获得最大的福利。

这个自由市场的核心思想被后来的大卫·李嘉图、马歇尔等著名学者进一步完善，并成为此后一个世纪唯一达成的经济学共识：资本主义市场机制是完美的，不需要过多的引导或干预。

经济会自发回到"均衡"水平。在商品的供需方面，当供给大于需求时，价格就会下降，供给就会减小；反之亦然，当需求大于供给，价格上升驱使供给增加。总之，商品市场总是能够出清（market clearing）。

在劳动力市场，古典经济学家同样假设充分就业是常见现象，当经济过热，工资水平较高，劳动力供给就会增加，导致工资下降；当经济收缩、失业率上升时，工资就会下降，当工资降低后，企业在利润的诱惑下会增加雇用人数，这样就形成了劳动力市场的自我调节。

而这场大萧条的发生打破了完美市场的童话，在长达10年的萧条里，市场始终没有回到所谓的均衡，商品市场与劳动力市场的自我调节机制也没有将经济推回正常轨道，真实GDP在不停下降，并伴随着长时间的衰退、失业、饥饿、混乱。

经济学家开始寻找经济衰退的根源，并试图开出能够让经济复苏的良方。"大萧条"是经济学思想史上的一个分歧点，自由主义与干预主义在此交锋。

这场萧条让凯恩斯在一战时期形成的思想有了用武之地，他认为市场不会自发稳定，如果没有干预或调节，经济容易产生一系列问题，例如通货紧缩，他主张财政政策搭配货币政策，加强政府投资，实施逆周期调节，实现经济的稳定及合理增长。

而以米塞斯、哈耶克为代表的古典自由主义认为政府错误干预政策导致了危机和大萧条，因此主张市场自我"清算"。

总的来说，奥地利学派认为经济需要更加依赖于自身的免疫系统，而凯恩斯认为有病还得吃药。

二、凯恩斯的干预主义

凯恩斯无疑是 20 世纪伟大的经济学家之一，他于 1883 年 6 月生于英国剑桥，14 岁进入伊顿公学（Eton College）并获得奖学金，主修数学，之后进入剑桥大学国王学院，他是著名经济学家马歇尔最喜爱的学生。

凯恩斯也曾管理着小规模的股票基金，尽管业绩并不出众，他拥有自己的剧院和餐厅，喜欢喝香槟、欣赏画作，最终在 42 岁如愿与一位美丽的俄罗斯芭蕾舞演员结了婚。图 3.1 展示了一幅凯恩斯画像。

图 3.1　凯恩斯画像

经济问题的本质

如何走出困境

　　第一次世界大战期间，凯恩斯在英国财政部工作，战争结束后的1919年，他作为英国财政部首席代表出席巴黎和会。

　　预见性与判断力是优秀的人最突出的素质。凯恩斯当时就预测，如果穷尽所有手段一味压榨战败德国，结果会压垮它并激化矛盾。按照一战后签署的《凡尔赛和约》，德国政府需要支付1320亿金马克的赔款，相当于9.6万吨黄金，德国被迫承认其发动战争并承担所有战胜国的损失，然而实际上战争是奥匈帝国挑起的。

　　这笔赔偿给德国经济戴上了一副沉重的枷锁，并间接导致了纳粹党在德国的崛起。凯恩斯认为欧洲经济是荣辱与共的，并写了《〈凡尔赛和约〉的经济后果》，凯恩斯预见到了德国必然会复仇，这也印证了政治问题和经济问题很难分开。然而他的建议并没有被重视，他愤然不平地辞去和会代表职务，复归剑桥大学任教。

　　后来，美国第31任总统胡佛也曾回忆，他认为大萧条的原因应该主要归结为第一次世界大战以及不合理的《凡尔赛和约》，这验证了凯恩斯的预见性。1916年美国国债为12亿美元，1919年激增20倍至250亿美元，这些债务一半以上出借给协约国。胡佛表示，1929至1932年，几乎所有协约国都无力继续偿还贷款，在此种情况下，美国才被迫采取了贸易保护主义政策（胡佛的自我辩解）。

　　凯恩斯的思想形成于第一次世界大战期间，在战争年代，政府干预乃至经济管制都有充足的理由。一战结束后，美国维持了高速增长，但是与之相对应的是，英国老牌资本帝国经济持续低迷，凯恩斯希望通过政府的积极干预让英国的经济和地位恢复到历史水平。他呼吁政府废除金本位，降低利率刺激英国出口，主张英国政府强化投资，增加家庭消费，带动英国闲置的机器运转，保障工人就业，拉动经济增长。

　　1929年开始的经济危机为凯恩斯的理论提供了有利的土壤，他试图从一般性原理找到干预主义的微观根基。1936年，凯恩斯出版了著名的《就业、利息和货币通论》，系统阐述市场自然收缩的理论，他说："我相信自己的理论会对人们思考经济问题的方式带来革命性的影响。"事实确实如此。

2.1 有效需求

凯恩斯将大萧条的主要原因归结为有效需求不足。他否定了萨伊定律以及古典的完美市场理论：经济不完全取决于供给或生产能力，如果需求不足，社会整体产能利用率也会下降，经济不但受到"供给约束"，也会受到"需求约束"。

通俗来说，就是商品不但要生产出来，还要卖得出去。能够生产不能保证一定能出清，正如大萧条中倾倒的牛奶，以及牧民扔到山谷的牲畜。

供给需要通过需求转化为国内生产总值，或者说生产（投资）需要通过消费才能转化为 GDP。

20 世纪 90 年代，日本的汽车产能大概在 2000 万辆，国内工厂与国外工厂的产能基本一致，但日本国内的年需求最多 600 万辆，而国外市场更消化不了 1400 万辆，日本引以为豪的汽车产业的产能将没有用武之地，这种需求缩减，是难以解决的。

凯恩斯认为解决需求不足的问题，政府需要引导投资，实行赤字财政去带动社会一系列的生产、消费活动。

2.1.1 有效需求的理论基础

有效需求不足理论最早可以追溯到马尔萨斯，他的人口理论最为人所熟知："人类必须控制人口的增长，否则就会陷入贫困。"**他还观察到资本家有能力消费，但他们不会那么做，因为积累财富才是他们**

经济问题的本质

如何走出困境

的中心目标。

有效需求的理论内涵是：人们投资、消费支出的动力不足，导致了整体经济的疲软，这种动力不足来源于预期转弱，以及商品的吸引力不足（边际效用递减）等因素。有效需求不足基于三个理论，分别是边际消费倾向递减规律（Law of Marginal Prepensityto Consume Degression）、资本边际效率递减规律（Law of Diminishing Marginal Efficiency of Capital）与流动性偏好规律（Liquidity Preference Theory）。

以边际消费倾向递减规律来说，凯恩斯认为，随着收入的提高，边际消费倾向递减，用于消费的占比会减少。越是富有的人，越会将收入转化为资本或留存现金，而不是用于消费，这会**触发社会消费需求不足**，导致企业无法出清商品获得回款，进而导致工资水平的下降，引发社会进一步的投资支出不足。

资本的边际效率递减，意味着厂商增加投资时预期利润率递减。凯恩斯认为，投资需求取决于资本边际效率与利率的对比关系。对应于既定的利率，只有当资本边际效率高于这一利率时才会有投资。但是，在凯恩斯看来，由于资本边际效率在长期中是递减的，除非利率可以足够低，否则会导致经济社会中投资不足，因此利率调节成为宏观调节的基本工具之一。资产体量越大，边际收益率越低，这在现实中也很好理解，开一家早餐店等小本生意的毛利率都很高，有的甚至能达到100%，而规模的企业的利润率一般不超过20%。而且投资规模的不断增加会使产量提升，而产品数量增加会使其市场价格下降，从而投资的预期利润率也会下降。

流动性偏好规律则说明了人们具有持有货币的动机，收入只有部分用于支出。持有货币可以满足四种动机——收入动机、商业动机、谨慎动机和投机动机。凯恩斯把人们对货币的需求称为流动偏好（Liquidity Preference）。流动偏好表示人们喜欢以货币形式保持一部分财富的愿望或动机。

以上三个理论都说明了有效需求不足的发生机制。

凯恩斯用有效需求解释大萧条的成因，尽管哈耶克等学者不会认同这个观点，但有效需求不足在大萧条时期确实是存在的。

为何不投资？人的投资行为取决于预期收益率，预期投资无法获取利润时，就会缩减投资。

为何不消费？大萧条时期消费需求不足有多方面的原因，其中一方面是货币供给不足，这产生了居民收入不足及失业，而消费是收入的函数，消费不足阻塞了经济循环。在大萧条前夕，美国的贫富差距达到了历史最高水平，而且很多家庭都存在一定的负债，经济缺乏真实的购买力，难以形成循环。

为了应对投资、消费支出不足，凯恩斯的逻辑是：政府投资带动民间投资。生产能力决定经济的上限，而总需求决定经济的下限。与其强行降低货币工资去适应货币紧缩，不如加大财政货币投入，解决就业问题及维持收入。

2.1.2 刺激"经济"

基于凯恩斯的理论，经济体的有效需求不足情况难以避免，经济存在自发收缩等问题，所以政策干预必不可少。

通过政策干预恢复经济，关键是提高支出水平。也就是通过政府主导的扩张性经济投资等方式，创造就业岗位，人为调控总需求而促进经济增长。

如何提高支出水平？凯恩斯给出的方法是政府部门"加大投资"。单一部门的新增投资，不仅会使该部门的收入增加，而且会通过类似多米诺骨牌似的连锁反应，引起其他有关部门的收入增加，其他有关部门获取收入后会追加新投资及消费，如此循环，致使国民收入总量的增长若干倍于最初那笔投资额度。

投资产生的"乘数效应",有点类似于蝴蝶效应。

假如,100 元的投资首先形成了相应的投资品(包括工厂、机器等生产工具),同时,100 元的投资完全形成了一部分人的收入。这部分收入会形成下一期的投资、消费支出,假设其中的 70 元用于支出,30 元用于储蓄(被称为支出遗漏),则又存在一部分经济人获得了 70 元的收入。边际支出 MPC 为 0.7,则 100 元带动的经济循环为 333 元,货币乘数 = $1/(1-MPC)$ = 3.33。

乘数的大小至关重要,政策的有效性需要通过乘数大小来检验,我们在后文也会论证。

以上解释了为何积极的投资政策会提振经济,但是如果收入被完全留作现金,则乘数无法发挥作用。

凯恩斯认为,为保证有足够的有效需求,政府就必须抛弃传统的放任的政策,转而使用积极的财政与货币政策。就比如罗斯福积极的经济治理政策:拯救银行体系,给农民、失业工人、残疾人、贫困家庭发放补贴,扩大投资、以工代赈、扩张基建保障就业。

当下,积极的财政政策与货币政策都是常规的经济政策工具,用于实现充分就业,稳定经济增长。

综上,减小支出的行为是不利于整个经济体的。你可能认为个体减小支出行为是无关痛痒的,但群体都持有缩减支出倾向,则经济整体必然陷入泥沼,个体亦无法幸免于难,这也反映了个体与集体的哲学关系。

2.2 价格和工资粘性

价格和工资粘性是解释萧条的另一个重要理论。

"商品价格"与"工资价格"不能随着总需求（经济）的变动而迅速变化，因此经济会出现"失灵"的情况。

价格体系，是所有经济人参与市场行为的结果，是人脑通过价值评判、比较形成的，而当市场中商品、资本品、劳务等方面发生价值变动时，所有经济人需要一个时间窗口来更新数据。且复杂的、纠缠的经济交易关系还会阻碍市场的调整，比如固化的各类合同与契约，就会阻止市场价格自我调节，因为合同的名义价格是锁死的，且不能够轻易改变。

也就是说，经济的自发调整要比想象中慢得多，因为人们通常基于名义值做决策，你不会真的认为人们在消费时还会计算或考虑货币的实际价值，实际价值这个概念适用于经济学分析，而不完全适用于实际生活。比如美国在1973年石油危机后，价格调整及经济调整始终没有到达新的均衡，反而产生了"滞胀"。

价格体系的及时自我调整，在实际生活中真的很难实现，价格只能实现缓慢调整。因为价格调整是所有经济人对价值判断的重新塑造。在大萧条中，希望1亿多的各色美国人同步接受新的货币价值不太现实，每个人接受信息、处理信息的能力不同，而且人们偏向固守于原来的价值判断。市场经济的价值传递是一张复杂的网络，每个节点的价值发生了变化，都会传导到整个宏观经济，尤其是价格在向下调整时具有很大粘性。

价格的调整，实质上需要每个人都接受并调整脑中已经形成的价值观念，这并不是一个快速、简单的过程。因此，人们不能够接受名义货币收入的减少，尽管可能实际价值并没有减少。

只要通胀水平不温不火，人们是乐意接受名义值，并依照名义值做决定的。实际上，人们只能接受价格温和向上调整，难以接受价格及收入快速向下调整，因此，所谓的市场完美自我调节在大萧条期间并没有发生。钢铁工厂员工的薪水只有原来的50%，人们看到收入减少首先的反应是"心情低落"，这种情绪引发了更多的破产与裁员。

如果名义值上升，而实际值不变，人们会产生乐观情绪，而如果名义值下降，而实际值不变，人们大概率会产生悲观情绪，这的确是现实中存在的实际现象。

2.3 经济的不稳定因素

区别于完美市场理论，凯恩斯认为资本主义经济包含着一些内生的不稳定性。他认为，如果没有人为的政策干预，经济就会向失业均衡（Underemployment Equilibrium）移动。

我们理解，不稳定的根源在于：每个人的货币收入来自于其他人的支出，每个人的支出成为他人的收入，这是一个循环。人们并不会把收入全部用于支出，如果群体全都存在减小支出的倾向，则会影响宏观经济。

经济循环必然伴随着货币循环，有效的货币循环也伴随着经济循环。货币循环，就是经济人的货币支出水平，也就是投资支出、消费支出形成的循环。货币不循环或循环弱化，就会导致经济下跌，人们保存大部分收入而不用于投资与消费支出，这就是货币循环弱化。

经济的繁荣或萧条依赖于消费、投资支出水平的高低，而社会总投资是不确定的，投资计划的改变，也是经济波动的重要原因，体现为国民收入（GNP）和产出（GDP）发生变化。

然而，调控"投资量"是比较好干预的，而消费是个体行为，干预起来相对困难，就算人们拥有收入，也不一定要去消费，总不能设置最低消费比例要求。所以，投资可以直接干预，消费只能间接干预。

这里的投资可以理解为工厂、基础设施、房屋等实物的建设，这些投资都是用于转化为商品的。投资支出是由利率和资本的边际效率共同决定的，可以通过调控利率来调整投资水平。利率取决于人们的流动性偏好和货币总量，一国的货币当局可以通过调控货币来调整利率，进而影响投资与经济，这仍是目前全球经济调控的基本逻辑。

此外，凯恩斯还强调非理性因素对于经济稳定性的影响，也就是"动物精神"。当人们信心缺失，甚至发生恐慌的时刻，这些负面情绪会对经济产生严重伤害。

2.4 被遗忘的海曼·明斯基

海曼·明斯基（Hyman P. Minsky）是凯恩斯主义的忠实信徒，他倡导大政府下的经济干预。

他在生前并不算主流经济学家，资本主义不欢迎经济存在不稳定性的观点，直到 2008 年次贷危机验证了一些他的思想，人们不得已才关注明斯基研究的价值。

明斯基认为："经济危机并不是在 GDP 下跌时产生的，而是在一片歌舞升平、一派繁荣景象的气氛中已经注定。"也就是说美国在 1929 年之前繁荣的 10 年里，危机已经孕育。

资产价格崩溃的时点，被称为明斯基时刻（Minsky Moment）。

明斯基指出，为投资而进行融资活动是经济中不稳定性的重要来源。经济长时期稳定可能导致信用、债务增加，杠杆比率上升，不断增加的信贷活动会使金融体系变得脆弱，进而从内部滋生爆发金融危机和陷入漫长去杠杆化周期的风险。他应该是较早注意到"债务周期"与"经济周期"之间关系的学者之一。

明斯基在 1986 年出版的《稳定不稳定的经济》一书中表明，金融

经济问题的本质
如何走出困境

市场的脆弱性与投机性投资泡沫内生于金融市场。在经济景气时，人们挣钱越来越容易，在承担借款风险方面就会变得越不谨慎，公司和个人的现金收入增加，就会产生投机的陶醉感（Speculative Euphoria），债务不断滚动，当债务超过了债务人收入所能偿还的金额时，金融危机就随之产生了。明斯基十分明确地提出资本主义的内在不稳定性是不可避免的，这可能让很多西方人士感到不舒服。

明斯基还将融资分为三类，即对冲性融资（Hedge Finance）、投机性融资（Speculative Finance）、庞氏融资（Ponzi Finance）。

对冲性融资是指债务人期望从融资合同中所获得的现金流能覆盖利息和本金，这是最安全的融资行为。这种融资行为中，债务人稳健保守，因为负担少量债务，所以由融资所产生的现金流足够偿还债务本金和利息。

投机性融资是指债务人预期从融资合同中获得的现金流只能覆盖利息，这是一种利用短期资金为长期头寸进行融资的行为。债务人还款的不确定性开始增强，他的现金流仅仅能够偿还债务利息，而债务的本金还要继续滚动下去。

庞氏融资是指债务人的现金流既不能覆盖本金，也不能覆盖利息，债务人只能靠出售资产或者再借新钱来履行债务合约，基本上属于诈骗行为。通俗来讲，这种融资行为中，债务人只能靠资产升值、变现后带来财富的增加来维持自己对银行的承诺，如果资产不能升值，那么债务无法消除。多数投资者的资金链断裂，不仅导致债务无法偿还，而且借款所形成的资产价格也会出现暴跌，从而引发金融动荡和危机。

在经济过热的阶段，很多金融行为都带有庞氏的味道。

三、奥地利学派的执念

100多年前，奥地利学派是一股重要的思想力量，创始人是卡尔·门格尔（Carl Menger），他也是"边际革命"的发起者之一。

边际效用递减规律，是非常"核心"的概念，是理解经济底层逻辑的钥匙。消费者从每一相继单位的物品中得到的效用都比前一单位所得的效用小，有递减的倾向。比如你在饥饿的时候吃下的第一个汉堡带来的效用，比之后的效用都要高；再比如你对一些事物的"三分钟热度"，也是效用递减的原因。我们理解，人们花钱购买的不仅仅是商品，实质购买的是商品带来的效用，而效用是递减的，这导致了同类型的产品消费不会线性或指数增长，消费增速会变得越来越慢。

奥派主要的经济学家有米塞斯、庞巴维克、哈耶克、罗斯巴德等。强调个人主义、市场自由是奥地利学派的主要观点。与凯恩斯主义截然相反，奥派反对任何形式的政府干预，以及经济调整措施，认为个人自由的选择就能够最优地分配资源。奥派认为市场是一个复杂的自我平衡系统，市场通过价格等机制自我调节，实现资源配置的最优化，行政指令和政府干预会扭曲市场信号，导致资源配置的不合理和浪费。

对于大萧条，奥派批评胡佛设立的"复兴金融公司"为困难银行和大型企业提供援助，而没有让它们及时破产；他们同样批判罗斯福实施的干预措施，认为这些干预延长了大萧条的持续时间，阻碍了市场从"毁灭"中重生。

"破产和萧条是不可避免的。"哈耶克如是说。

3.1　大萧条源于人为干预

哈耶克，1974 年诺贝尔经济学奖得主，他与凯恩斯在经济学的大多数方面都存在分歧，他反对政策对经济的任何干预。他的思想在当时迎合了一些人的立场，英国撒切尔夫人在给哈耶克的信中写道："我们受益于您的经济和哲学思想，对此感激不尽。"显然哈耶克的经济学主张服务了一些政治因素。

哈耶克认为，在 20 世纪 20 年代，美联储以及银行体系扩张信贷引发了这场经济危机，企业更容易获得便宜的"钱"，并加大了投资额度，导致了"过度投资"与"资金的无效率使用"，最终企业的回款无法覆盖投资额度，伴随刺激产生的债务及资产泡沫必然破裂，危机必然发生，这个阶段是经济自我纠正的必然过程。而危机发生后，联邦政府试图维持价格、拯救企业，这干扰了市场惩罚机制，延缓了市场清算的时间，导致大萧条持续蔓延。

哈耶克与凯恩斯的观点针锋相对，他认为正是政府的错误干预导致了一场经济危机演化为大萧条，两种观点的碰撞持续到现在。哈耶克相信，任何的干预只会将经济推离均衡更远。

反对干预的学者指出，政府为了拯救经济而发行大额债券用于投资是不可长久持续的，赤字上限会限制发债能力，如果靠增加货币供给而削减赤字，将会引发通货膨胀。

其实，我们认为对于不同的经济体，考虑到它的人口、技术构成、制度因素等，不能说增发债券与增加货币供应就一定会引发不可接受的后果，每个经济体的货币吸纳程度不同。

奥派的观点在现在也不乏支持者，美联储第 13 任主席格林斯潘（Alan Greenspan）认为，20 世纪 30 年代那次经济危机源于政策干预。

他指责罗斯福新政产生更多的是负面效应，新政试图固定物价和立法干涉经济的运行是一场灾难。尽管 1935 至 1936 年，在罗斯福推出的大规模经济刺激一揽子计划的推动下，美国经济出现了一定程度的复苏，但 1937 年美国尝试退出财政刺激后，第二轮萧条出现，这一轮大萧条比 1929 至 1932 年的危机还要惨烈，股票价值减少了 1/3 以上，企业利润下降了 40% 至 50%。

我们认为完全可以折中吸取两个学派的观点。在危机中，对于该破产的僵尸企业，尽快让它破产；而对于维持货币流转的金融机构，以及重要的生产企业（比如农业生产企业），需要保证它们的基本职能。对于病态的经济萧条，需要实施积极的干预和救助，加大投资引导及货币宽松力度；对于常态的经济衰退，则没有必要进行过度的刺激，这是经济的客观阶段。

3.2 危机是市场自我清算

奥地利学派认为加快对企业的破产清算是最好的策略。应该让那些弱不禁风、高杠杆的银行、房地产企业破产，以实现新的经济组织的成长，不可以去拯救它们，要让市场形成优胜劣汰。

基于奥派的观点，有人认为日本 20 世纪 90 年代的经济危机，同样是由于政府的过度干预。日本政府为了拯救银行和金融业，一步步将利率降到零，向经济注入了大量的廉价资金。日本政府在实施凯恩斯主义的经济刺激计划过程中，积累了巨额赤字，没有让市场进行创造性毁灭，而是政府干预，让僵尸企业继续半死不活，结果带来超过1000 万亿的债务和所谓"失去的三十年"。

就像生物的自然死亡，危机是旧企业的死亡，以及新企业的生长。

创造性毁灭是熊彼特的代表性论点，也是经济周期理论的基础。

经济问题的本质

如何走出困境

每一次大规模的创新都淘汰旧的技术和生产体系，并建立起新的生产体系。熊彼特的创造性毁灭的企业理论认为，繁荣源于创新，并总是伴随着抛弃旧经济和衰退，这是一种痛苦的、正向的调整，使幸存者创造出新的经济面貌。随着市场清算，企业破产，过剩产能被消耗，市场价格下跌；当价格下降到一定程度，市场需求增加，新的供给出现，产能缓慢扩张，价格逐渐上升；至此，经济会开始复苏，错误配置的资源归正。根据需求定律，在贫富悬殊巨大的市场中，当价格下降到相当程度，普通家庭才买得起，这时市场才真正触底，市场供应增加，就业率上升，经济缓慢复苏，这个探底的过程可能会延续很长时间，这就是经济必然的萧条阶段。

奥地利学派对于经济危机中出现的监管也持有怀疑态度。他们认为过度的监管也是干预的手段，也是造成经济危机的原因之一。像存款保险以及最后贷款人这样的措施，会给储户和金融机构提供安全保障，后果是提高了银行和个人的风险偏好，提升了金融的整体风险程度。这种逻辑类似于有了安全带的保护，汽车会开得更快，但现实情况是没有人会因为这个理由，而放弃配备安全带。

在所谓的长期中，奥地利学派的观点具有价值。政府不可能无休止地实施援助，有问题的银行、企业、家庭必须破产，被新的组织所取代，让市场发挥自身清算的能力，就像发挥人体的免疫系统清除衰老组织或有害组织。

为了应对实际的经济紧缩问题，凯恩斯提倡的短期政策是很有必要的，采取合理的货币和财政政策工具，可以防止经济螺旋式衰退。凯恩斯是实用主义，他关注的是这一学科的实践性及有用性，所以很少有时间研究更为系统化的欧洲思维模式；而有些学者恰恰相反，比较强调文字理论逻辑，然而这种逻辑看似严谨，但和实际情况相差甚远。

3.3　罗斯巴德的解释

穆瑞·罗斯巴德（Murray Rothbard），生于1926年，与哈耶克一样是米塞斯的学生。

罗斯巴德倡导"无政府主义"和"自由意志"，他说美国政府的干预破坏了市场公平竞争，拖延、加剧了大萧条。

他以大萧条中小麦价格补贴为例，解释了政府干预导致的市场（生产及分配）紊乱：大萧条发生后，胡佛召集农业组织、联邦农业委员会、土地银行为农户提供大规模补贴，试图以此维持小麦价格，联邦农业委员会宣布它将根据小麦市场价格提供1.5亿美元的贷款。农民由于收到了补贴，就会认为价格和收益可以维持，就增加了小麦种植面积，导致第二年小麦过剩的问题显露出来，小麦卖不出去，收入无法覆盖成本。农民没有考虑到政府补贴能力也是有限的，市场销售不及预期，小麦价格再也维持不住了，产生了更加剧烈的下跌，大萧条中大部分农产品价格跌去了一半。除了小麦，联邦农业委员会在黄油、羊毛、葡萄产业中采取的稳定价格措施都相继失败了。不得已之下，胡佛开始呼吁农民推倒作物、屠杀幼小的牲畜，以减少所谓的农产品的剩余。

但如今来看，上述逻辑是站不住脚的，问题不在于政府干预价格，而是干预价格的方式不恰当，这并不是简单的产能过剩问题，因为很多人还在忍饥挨饿。

这是整个经济体系的崩溃，农业部门也难以独善其身，人们对于农产品是需要的，但就是"买不起"，不完全是"过剩"，而是货币量萎缩导致的支出不足，商品交换不通畅。核心问题在于广义货币供给不足，政府补贴价格难以从根本上解决问题。政府维持价格的做法应

经济问题的本质
如何走出困境

该说是尝试解决经济问题，但缺乏操作经验。

当时的胡佛政府，试图在稳定劳工市场、维持就业和工资率方面发挥作用。他邀请钢铁、石油、建筑等行业的行业代表和劳工领袖前往白宫参会，希望他们不要削减工资。因为胡佛以及当时一些经济学家都认为，维持雇员高工资能够提高购买力，从而增加消费、促进经济增长。

在通货紧缩时期，维持雇员工资水平不变意味着实际工资在上涨。这对遭受财务危机的企业来说增加了成本负担，最终只会导致失业情况恶化。从大萧条起始截止到胡佛离任的 1933 年 3 月，美国失业人口占劳动人口的比例达到 25%，国民生产总值下降了近一半。

上述政策的失效主要是因为方法有误，直接地干预价格是非常艰难的，很难收到成效，让企业更加处于压力的状态。如果通过宽松货币搭配财政政策，平抑物价，则能够起到更好的效果。

对于属于正常死亡的企业或组织，反对救助是正常的。死亡与新生同样适用于机构与组织，就如市场体系中每天都有企业破产清算。可以说，大萧条中的部分企业是非正常死亡。

奥派倡议的市场清算始终没有发生，现实的情况是：第一，价格的不断下跌，导致企业成本倒挂，且债务是不随价格下降而减少的，破产是难以避免的，这种破产不能算作是企业没有存在的价值；第二，由于价格下跌，货币购买力将上升，则人们会减少当下支出，进一步促进通缩。

最后，我们认为错误的干预确实是危害经济的，比如胡佛实施的贸易保护主义，提高关税，实施以邻为壑的贸易政策，阻碍了要素的自由流通，实际上加剧了全球大萧条。

四、后危机时代

在大萧条之后的近 100 年的时间里，人们对于经济规律的认识更加深刻，解释大萧条成为众多宏观经济学家的追求。

4.1　货币主义者

"货币"在经济活动中所扮演的角色，是弗里德曼（Milton Friedman）研究的主要课题。

理解弗里德曼的观点，你需要理解货币的概念和内涵，总体来说，货币的概念是抽象且复杂的，它的概念涵盖信用（credit）、债务（debt）、存款（deposit）等，看似简单，但很少有人理解这些金融元素的真正内涵，我们大体可以将货币分为三类：①现金，主要包括纸币与硬币。②银行准备金，商业银行在央行上缴的准备金。③信用货币，主要指商业银行通过贷款等形式创造的信用货币。

在《美国货币史》中，弗里德曼研究了 1867 年到 1960 年长达 93 年美国的货币及经济情况。接近 100 年的历史数据显示，货币与其他经济变量之间存在稳定的关系，货币存量与居民收入、经济增长曲线趋势保持一致。

这个结论并不意外，货币是实体经济的衍生，只有经济增长，才能够衍生出更多货币（信贷）。2018 年诺贝尔经济学奖获得者保罗·罗默（Paul M. Romer）认为，美国从 1934 年开始增加货币供给，对于美国走出经济泥沼发挥了重要作用。

弗里德曼认为货币在短期内影响产出，但长期来看，对产出影响有限。关于货币与经济间的关系，可以这样理解：货币应当是实体经济的衍生产物，短期内适度地扩大货币供给，人们对于货币的追逐会调动当下的生产积极性；但大量印制货币并不会提高生产力上限，反而会带来通胀。

关于大萧条，弗里德曼挑战了凯恩斯的观点。他认为，并不存在所谓的有效需求不足；而凯恩斯认为，流动性偏好及货币滴漏导致"货币流出"，支出会自发地减少，导致有效需求不足。

弗里德曼认为投资、消费支出基于长期的预期（永久性收入），没有"货币流出"产生的需求不足。我们观察，经济行为既取决于短期预期，也取决于长期预期；且短期预期的作用更加重要，因为没有人能够精确掌握长期预期，只能是个趋势判断。

4.1.1　信贷萎缩加重了经济萧条

1941 到 1943 年，弗里德曼在罗斯福政府谋了份差事，可能是在多个政府部门工作的经历并不愉快，弗里德曼非常怀疑政府的干预能否使经济保持效率，他说他从起初新政的拥护者转变为完全的自由主义者。

"银行的信用危机与货币政策不力"是导致大萧条的主要原因，弗里德曼认为。

一方面，企业得不到信贷，会影响自身的现金流，造成社会投资锐减，也就是资产（生产工具）数量减少；另一方面，信贷的萎缩会导致居民收入的下降。企业投资会形成社会收入，并发挥乘数效应，这在凯恩斯的理论中已经论证，信贷与居民收入两者关系紧密，简单的计量模型就能够验证。

20 世纪 20 年代，多种新型技术与生产的结合，将美国每工时效率提高了 70% 以上，大量的货物产出明确需要消费者购买力的相应提高，也就是说，需要涨工资，但信贷不足、货币不足，工资无从涨起。

在《美国货币史》中，弗里德曼使用大量的统计数据表明，美国历史上所发生的历次重大危机都与货币量的减少有关。货币量减少会影响人们的名义收入。从 20 世纪 20 年代开始，美国消费文化助长过度信贷，银行部分贷款难以收回造成银行系统坏账增加，而美联储的紧缩货币政策则加剧了银行资金不足的情况，形成公众对金融体系的信用危机。

弗里德曼认为在大萧条期间，如果美联储大幅削减再贷款利率，以便商业银行能从美联储借款，就可以应对货币供给的萎缩；美联储没有做好最后贷款人的角色，在银行和金融机构遭受危机时，也没有给予充分的流动性。

如果没有那么多银行破产，经济的衰退也不会这么大。

银行危机造成的货币不足是造成这场危机的主因之一。按照现在的货币理论，货币供给要伴随着经济的增长，而在 1929 年之前，美国的通胀水平几乎为零，这也在侧面佐证了货币供应量有限。

我们对弗里德曼的观点有一些困惑。他相信自由市场，他认为除非双方都能获得好处，否则交易根本不可能发生，交易本身就带来社会福利；同时他又指出信贷不足是大萧条的原因，所以政府是否应该干预信贷规模呢？

4.1.2 货币政策执行不力

当今学术界的主流观点，就是如果美联储采取更加积极、合理的货币政策支持市场流动性，则美国大萧条可以避免或其损害程度可以减轻。

弗里德曼和施瓦茨强调，美联储实施了错误的货币决策，明知在金本位制不可行的情况下依然坚持金本位制，是未能避免大萧条的关键原因。

经济问题的本质

货币政策执行不力主要体现在两点:

第一点是大幅度加息提高资金成本,造成了股市崩溃及银行挤兑。

美联储主要的分歧点在于是否需要"加息"应对股市泡沫,争议是持续性的,美联储委员会数次否决提升利率来挤压投资泡沫的提议,因为在 1920 至 1921 年紧缩政策导致了美国经济短暂的衰退,美联储委员会试图从中吸取教训,避免任何中断经济增长的举措。

主张加息的逻辑在于:通过提升商业银行的借贷成本,从而限制流向证券市场的贷款规模。

而反对加息的美联储委员会则认为提升基准利率可能限制整体信贷规模,从而影响宏观经济,建议通过教育、舆论施压等方式,来防止银行的过度借贷及股市投机。

然而,金融疯狂投机也已经令人无法忽视。最终,1928 年上半年,美联储将利率由 1.5% 上调至 5%,货币政策开始收紧,为了阻止这场"疯狂",一年后的 1929 年 8 月,美联储再次加息至 6%。美联储希望减缓投机性信贷的增长,同时又不伤害实体经济。但这一措施很快造成了股市崩溃,引发了银行挤兑,正是此时的紧缩政策动摇了根基不稳固的金融市场,导致 1929 年危机的爆发。

第二点在于,美联储没有及时采取措施为市场注入流动性。

1929 至 1933 年期间,货币数量骤减了 30% 以上,弗里德曼和施瓦茨将矛头指向了美联储。当惊慌失措的消费者涌向银行挤兑存款时,美联储委员会却拒绝向银行提供流动现金。

弗里德曼认为,只要美联储给予一点点支持,就可以大大地增强消费者的信心。

大萧条期间,美国的货币存量一直处于持续下降的状态。1929 年,美国流通中的货币和票据加上商业银行存款达到 264 亿美元,到 1933 年时已经下降至 198 亿美元,如此大规模且持续的货币存量下降必然影响经济运作。

此时货币供给严重不足导致的紧缩最终导致了消费支出、收入、价格、就业率的下降。而且受制于金本位，美联储在大规模增加货币供应上无能为力。当时美国和欧洲国家都实行金本位制，各国政府承诺其货币能以固定的兑换率兑换黄金，从而让债权人相信政府不会通过大量印钞稀释货币价值。

作为总体的货币政策方针的制定者，当时的美联储也是摸着石头过河，在此之前没有哪个机构承担着中央银行的职能。美联储关于自身职权的边界也比较模糊，包括如何协调宏观经济、如何设置合理的货币政策，都有待进一步发展。

1927 年的宽松政策继续吹大资产泡沫，1928 年的逐渐收紧又限制了货币供应增长，最终的结果并没有把经济拉回正轨，至 1929 年的货币紧缩后，萧条终于来临。

将大萧条完全归咎于美联储未免过于苛刻，但作为年幼的央行，美联储的确表现不佳，主要体现在三个方面：①大幅加息为了抑制股市投机，但结果导致了 1929 年的股市崩盘。②对金本位制的承诺使其无法对大萧条做出充分的反应。③它在遏制银行业恐慌浪潮方面做得不够，尽管结束恐慌一直是其创立动机之一。

美联储未采取合适的货币政策促进金融稳定，使本能很快结束的痛苦延长了 10 多年。

4.2　资产负债表衰退

资产负债表衰退（Balance Sheet Recession）是一个新颖的解释。

这个理论最早可以追溯到明斯基的思想，明斯基认为："资本主义经济可以解释为一系列资产负债表和损益表，资产负债表中的负债是指按要求在特定日期的付款承诺。"明斯基将资本主义社会的所有企业资产负债表进行了合并。

日本经济学者辜朝明认为,在资产价格不断缩水导致资不抵债的情况下,企业的经营目标将会从"利润最大化"转向"负债最小化",导致社会投资、产出水平下降,这就是所谓的资产负债表衰退。

在此种情况下,无论政府如何刺激,经济始终难以有起色。

1929年起的美国大萧条,本身就是一场资产负债表衰退,辜朝明认为,当时的美国企业正在全力削减债务,导致货币缩减及经济衰退。

资产负债表衰退,这种现象往往在过度借债后的泡沫破裂后出现。一般的过程是企业和家庭过度借债,并投资于某种资产(历史上以房地产、股票最为普遍),导致资产价格大幅上升形成泡沫。此后,资产泡沫破裂,企业和家庭的资产严重缩水,资产价值低于负债,资产负债表资不抵债,为了修复资产负债表,企业和家庭会让债务最小化。

大约从1995年起,日本企业停止申请新的贷款,尽管当时的利率几乎为零,而且企业开始加速还债。由于经济主体大规模去杠杆,投资规模和消费水平必然出现下滑,总需求萎缩,经济陷入困境。

资产负债表衰退,其实是债务–通缩理论的另一个角度。我们认为,资产负债表作为一个测度工具,经济活动情况会在其中反映,当经济出现问题时,这会反映到资产负债表中,就比如企业的经营状况好,其资产负债表及现金流量表会好看,但并不是财务报表好看决定了企业经营状况好。

经济水平决定了资产负债表,而不是资产负债表决定经济水平。

利润最大化转为负债最小化的具体原因,我们浅以为,并不是企业不追求利润,而是通过加杠杆无法获得相应利润(即对应承担风险的收益),或存在一定的利润,但人们对于"负债"产生了厌恶情绪,从情感上不接受,以上均为不追求杠杆的原因,而并非企业放弃了利润最大化的原则。

负债无法在风险可控的情况下增加利润（单位风险收益），反而会面临更大的财务风险。因此利润最大化的目标没有变化，而是环境中收益与风险的取舍发生了变化，且在泡沫破裂过程中，产生了财富水平的分化，导致经济循环已经出现问题。

关于债务合约，一方是债权人，一方是债务人，债务是刚性的、名义的。问题在于债务合约的价值是不断变化的，每时每刻都发生变化，因为实体与金融都在动态发展，尽管你看到的 CPI 或 PPI 变化比例很小，但潜在的内在价值变化并没有被完全揭示，只要金融市场的合约还能够勉强去维持人们的预期。

然而，严重偏离实际情况的资产价格终究会破裂，债务合约终难履行。假设投资人借入 100 万元购买房产，负债是 100 万元，资产是价值 100 万元的房产，由于资产价格剧烈波动，目前只值 30 万元，然而投资人的负债依然是 100 万元，资产只有 30 万元，也就资不抵债。

为何资产价格会缩水？因为所谓的价格是所有经济人的主观价值判断，是主观的、情绪化的，尤其在狂热的群体氛围中，人们往往高估资产价格。

资产泡沫是通过买盘吹起来的，而投资者并没有如此巨大的资金量去推高庞大的资产泡沫，往往存在群体的非理性，也就是"羊群效应"产生了，路边的修鞋匠也参与到了资产投资活动。借助宽松的信贷投放，也就是创造出来的货币，人们已经无法正常评价资产的价格区间。

我们理解，信贷刺激的繁荣无法持续，需要有源源不断的买盘，才能维持虚假繁荣，但买盘的力量是有限的，最后接盘的人承担大部分损失。

20 世纪 90 年代的日本，过度的债务积累和价格扭曲导致了经济问题的爆发。从 1990 年开始，日本经济先后引发了股市、房地产等方面的崩盘，导致金融系统的负面传导，出现了大量的不良资产，经济持续低迷直到现在。

日本当时房地产价格下跌毫无征兆。我在上世纪七八十年代到美国留学、工作，1984 年从纽约回到东京。日本经济泡沫升起时，日本人疯狂借钱的样子让我吃惊，原本在我看来，日本人像德国人一样，财政上是非常保守的。但 80 年代全世界对日本管理技术的赞美，让日本人产生过度的自信。在泡沫的顶峰，那时日本皇宫的地价就足够买下整个美国加州。日本政府为了"降温"，短期内上调利率、收紧信贷，限制资本流通，泡沫迅速破裂。

根据以上辜朝明的描述我们可以看出，央行仓促的、急剧的加息导致崩溃，日本的资产泡沫与 1929 年美国大萧条颇为相似。

其实，我们对于日本的衰退可能有一些误解，即使是衰退期间，日本也是全球的高收入国家之一，它的人均 GDP 是印度的 10 倍。

4.3 伯南克的理解

本·伯南克是历史上杰出的美国央行行长之一，并在 2022 年获得诺贝尔经济学奖。

伯南克在充分吸收前人的研究成果的基础上，更加系统地解释了大萧条产生的原因：①通货紧缩引发的金融危机。这与弗里德曼的理解如出一辙。依据伯南克的"金融加速器理论"，如果资产价格下降或崩溃，银行将更加审慎地发放贷款，因为市场风险在上升而抵押品价值在下跌，进一步造成信贷萎缩。伯南克也认为通货紧缩与金本位制两者之间存在着紧密的联系，黄金储备及黄金开采量的确定性使货币政策丧失灵活性，固守金本位制会加大紧缩性货币冲击的负面影响。②名义工资不能及时地根据价格进行调整。这是凯恩斯最早提出的观点，也验证了在实际经济中货币是非中性的。

4.3.1　货币因素是导致大萧条的主要原因

2002 年，刚刚担任美联储理事的伯南克对弗里德曼说："关于大萧条，你们是对的，美联储没有维护好金融市场的流动性，我们非常抱歉，但多亏了你们，我们不会重蹈覆辙。"这说明伯南克也认为货币不足是引发一系列危机事件的主要原因之一。

伯南克认为，金本位制度自身存在重大缺陷，是造成大萧条期间全球通货紧缩的主要因素之一。他的研究指出：已有明确证据显示，在 20 世纪 30 年代世界性经济大收缩中，货币冲击是重要原因之一，货币冲击通过金本位制传遍世界各国。

伯南克解释，美联储没有如我们所期盼的那样在这个严重萧条的时期放松货币政策，它不这样做的原因有很多，包括它想抑制股票市场泡沫，想要维持金本位制（预防通胀），最主要的是它信奉清算主义理论（市场自我调整过程）。

一战后，为维持币值稳定及抑制通胀危害，1925 年，英国恢复金本位制；1928 年，法国回归金本位制；到 1929 年，主要国家均回归了金本位制。

对于金本位制，货币量需与黄金储量挂钩，也就是说哪怕生产力得到了极大的发展，没有足够的黄金储量，则货币总量也无法有效地提高。

然而，经济增长需要货币量同步增长。工业化，以无生命的动力代替有生命的动力，通过不知疲劳的机器，变热为功，大大提升了生产能力，这要求经济体具备大量供给（基础）货币的能力，金本位制确实已经不适应当时的经济环境。

20 世纪 30 年代，放弃金本位制的国家增加了货币供给，并恢复了价格水平，而维持金本位制的国家则被迫陷入了更加严重的通货紧缩。1931 年后，大多数国家已经放弃了金本位制，增加了货币调节的自主权。

事实证明，放弃金本位制的国家比固守金本位制的国家更快地摆脱了大萧条。

4.3.2　名义工资调整困难妨碍了经济复苏

伯南克指出，过度负债导致的通缩，即债务性通缩导致了经济的下滑，当价格水平不断下跌时，名义的债务值导致债务人的实际债务大大上升，导致他们资不抵债，导致企业或财务破产，这种情况进一步弱化了债务人的未来收入和总体经济产出。

减少支出同样具有乘数效应，1 单位的货币支出减少，会引发更多单位的支出减少。同时，美国银行倒闭不仅造成大量储户资产流失，其对公众的信心的打击更是巨大的。恐慌在储户之间蔓延，并且这种恐慌的蔓延并没有受到地域的限制。那么当公众信心不足时，有什么力量能恢复公众信心？伯南克认为是政府。这大约也是曾经身为美联储主席的伯南克为自身的干预政策所做出的最佳辩护。

伯南克指出，1933 年，罗斯福总统推出了一系列新政策，罗斯福打破了美元与黄金之间的联系，结束了美国的通缩，使经济得以初步复苏，但到了 1937 年，过早结束货币和财政工具的使用导致了新的经济衰退。

时间来到 2008 年，美国次贷危机再次惊醒了社会，人们认为已经消失的经济危机又回来了，泡沫及风险在暗处积聚，监管机构并没有正确判断危机的种子及萌芽。

为了应对次贷危机，伯南克采取多种非常规的货币政策，其核心就是向市场注入大量的流动性。伯南克在任 8 年间，美联储一共实行了 3 轮量化宽松政策，共注入约 3.8 万亿美元的流动性，从结果看措施还是有效果的，对比大萧条，该国的实际 GDP 仅下降了 4.3%，失业率峰值不到 10%。

以上就是一些著名经济学家对于大萧条及危机的解释，简单来说，凯恩斯认为是有效需求不足导致了危机；奥地利学派则认为是政府的干预阻碍了市场的自我修复；随后，弗里德曼提出货币不足理论；伯南克则吸收借鉴了凯恩斯、弗里德曼、欧文·费雪等经济学家的观点，并着重强调维持宏观金融市场体系的整体现金流。

我们将在下一部分探索经济危机的一般原理，概括来说，本书将危机归因于市场"价值体系的扭曲"，并提倡通过修复经济交易关系来拯救经济。

第四部分 经济问题的一般原理

经济危机，在一定程度上可以理解为经济生产与消费的循环不畅，这也等同于社会支出不足问题。理解经济危机，我们需要理解的就是微观主体支出不足的具体成因。

"天行有常，不为尧存，不为桀亡。"

就像物理规律在时空中的一致性，我们也假定经济规律是不变的，例如边际效用递减的规律。

理解了问题的本质，才能够真正地解决问题。

回顾历史，影响较大的经济危机有我们熟知的 1929 年美国大萧条、1973 年石油危机、1990 年日本房地产泡沫、2008 年次贷危机；也有知名度一般的历史经济事件，例如 1907 年意大利银行危机、1972 年墨西哥外债危机等。一个世纪以来，几乎所有国家都发生了大小不等的危机事件，全球仅和债务有关的危机就至少发生了 48 次。

危机产生的深层次原因到底是什么？我们发现历次经济问题爆发的表象不尽相同，这些表象问题呈现为：投机狂热、信贷宽松、资产泡沫、汇率大幅波动、技术冲击等，以上一系列的负面因素导致了危机的发生。我们从经济的底层，推演出所有类型危机的逻辑其实都是相同的，概括为：**市场"价值评判体系"扭曲导致的"经济交易关系"扭曲，这是危机的核心。**

也就是说，由于一系列的负面因素，经济的价值体系与价格体系受损（例如债务合约价值扭曲、资产价值扭曲），导致经济（商品）生产和分配的循环弱化，甚至是商品交易"不发生"，由于商品交换速度减弱，伴随着销售收入和工资降低，呈现为经济总产出、社会福利下降。

20 世纪 90 年代，日本房地产泡沫达到顶峰，仅东京都的地价就相当于美国全国的土地价格，最终巨大的泡沫破裂，地产价格下跌了 87%，并造成了 1500 万亿日元的财富损失，相当于当时日本 3 年的 GDP 之和。**人们非理性地认为房地产只涨不跌，基于此种扭曲的价值**

经济问题的本质
如何走出困境

判断导致的泡沫，最终毁坏了居民与企业的资产负债表，人们后续无法开展正常的支出行为。如此巨大的损失，最终完全摧毁了正常的"价格体系"以及"经济交易关系"，人们被"名义债务"困住，影响了资源有效配置，国家需要花费长时间去修复经济。

价值判断，本身就是主观的，是群体的主观形成标准的过程。人们主观认为房地产具备投资价值，大量货币才会集中到房地产领域并推升房价，这也是经济人的具体价值判断。1637年，人们认为稀有的郁金香球茎的价值等同于一栋别墅的价格，这就是价值判断扭曲的具体表现。

价值判断扭曲带来两个重大问题，第一是价格体系（相对价值）扭曲，第二是财富水平失衡（有些人在泡沫中大发横财，有些人破产）。这两个问题会导致以生产、交换和消费为基础的经济交易关系的扭曲，也就是说指导生产、分配的经济体系失灵了，资源无法配置。

经济体积聚的风险或结构失衡，最终弱化了实体经济循环，也就是商品交易的弱化或不发生。经济体作为复杂精密的仪器，是脆弱的，任何一个零件都不能出问题，经济的脆弱性还体现在繁荣与萧条的**不对称性**（asymmetry）。市场中的流动性、企业投资、资本市场、民众情绪哪个方面出现了问题，都会传染到经济实体部门，只有所有经济的零部件正常运转，经济才能是健康平稳的；这类似于幸福与痛苦也不是对称的，只有贫穷、病痛、劳累、精神疾苦等均不存在，才能够产生幸福感。

我们举个例子来说明这种不对称性，比如：你计划去新疆喀纳斯旅游，这需要建立在身体舒适、天气适宜、交通便利、经费充足、没有疫情等各个条件全部达成的时候，这样旅行才能是美好的，所有因素达成的必要性产生了这种不确定性。

所以同理，良好的经济并不是理所应当的常态，努力去维护经济的稳定才是常态；社会机器的良好运行不是常态，不断去解决社会矛盾才是常态。

一、对经济危机的基本理解

经济危机，在一定程度上可以理解为经济生产与消费的循环不畅，这也等同于社会支出不足问题。理解经济危机，我们需要理解的就是支出不足的具体成因。

我们借鉴美国大萧条、日本资产泡沫等历史上的经验，对经济危机的一般原理进行分析。

理论1 经济危机的"病症"，是产出下降、失业率攀升等经济负面状态。

经济危机的"病因"，是导致商品交易循环弱化或断裂的众多因素，例如债务问题。

经济危机的"病根"，抛开战争或自然等因素不谈，最主要是经济价值体系（valuation system）的扭曲（价值体系包含价格体系）导致的"交易不发生"，体现为经济循环弱化。价值体系是通过所有经济人思维层面的价值评价（value evaluation）形成的。

1.1 价值评判的基本作用

我们解释一下价值评判的作用及其如何成为市场运作的基础。

日常生活中，消费者用大脑去想一想某一件商品（对自己）到底

经济问题的本质

如何走出困境

值多少钱，就是最常见的价值评判，这种判断是在对比之上产生的，只有当他认为的价值超过商品价格，才可能有购买行为。所有的市场行为均建立在价值评判、价值比较的基础之上，比如成千上万的人都会评价"咖啡"对自己的价值，并决定是否要购买，这种行为结合供给就形成了"咖啡"的价格。

戈尔巴乔夫曾经询问撒切尔夫人，如何能够获取充足的食物，撒切尔夫人的回答是，利用价格（而非行政指令）可以确保巨大的食物供应。价格体系就是群体大脑价值判断的产物。俗语有云：人人心中都有杆秤，正是这无数个"秤"的价值判断，形成了市场体系。

商品、资本品、货币都内含一定价值量，经济人（依据主体经验）通过价值评判赋予这些客观物质价值（量）。通过判断而形成的价值量比较，成为人们经济行为的依据。德国哲学家格奥尔格·齐美尔（Georg Simmel）在《货币哲学》一书中指出："我们很少意识到，我们整个生活是由价值感觉和价值判断所组成的。"

根据心理学，在任何时刻，大脑都在接收着外部信息（尽管信息接受能力和处理能力不一致），人们在脑海中构建一个贴近现实世界的模型，基于这个模型进行价值评判，并进行预测（产生预期），这种预测和预期是指导人们（经济）行为的根本。

"价值评判"决定了人们的基本经济决策，包括消费选择、职业选择，也决定了企业的投资生产和金融机构的资金配置。

在生产层面，企业家首先是通过思维层面，对商品及资本品的现阶段和未来的价值进行评判或判断，从而预测未来收益，再进行生产、运营决策，这决定了企业生产什么以及生产多少；金融企业同样需要对于客户信贷规模和利息率进行价值评判，决定在不同时段投放多少信贷，给谁投放。

商品的价值量是社会整体赋予的，不是单个人的价值判断，价值评判形成了价格体系，价格代表均衡点的价值量，可以理解为得到社会承认的价值量。假如你有一块长辈送的珍藏的古董手表，你认为它是无价之宝（个人的价值判断），而它在市场上的价格就是社会赋予它的价值量。

我们也可以抽象地理解，企业利润等同于其（被社会认可的）价值创造，企业员工的收入也同样等同于个人价值创造。

此外，价值是随时变化的，在不同的时间空间中，对同一件商品的评价并不总相同，例如沙漠中的一杯水与城市中一杯水的价值不同，一件电子产品在不同年份的价值不同，由于摩尔定律，老款电子产品的价值很低。

通过货币总量 M 与社会产品相匹配，可以得到**单位货币价值**（unit currency value），单位货币所具备的价值量，作为价值尺度和中介，服务商品等价（值）交换。在实际生活中，唯一不变的就是变化，商品的实际价值在不断变化（人们主观评价的不断变化），比如高质量的胶卷的内在价值逐渐趋近于零。对应的货币供应量也在不断变化（货币总量既依赖于中央银行，也依赖于银行和经纪人的行为），所以，货币的单位价值也一直在变化。

危机的根源在于，受到外部经济环境、社会情绪等因素的影响，经济人无法形成良好的价值评判体系，也就是说市场无法衡量出商品的相对价值，导致了投资、消费形态的扭曲，商品交换难以进行，企业的产品无法通过销售（本质是商品交换行为）在社会中取得相应的价值，企业无法实现正常利润，仅能勉强维持或破产，企业破产导致原有的产能丧失，这会进一步扭曲价值判断，商品生产的下降是 GDP 减小的直接原因。

没有良好的交易关系必然会导致"负向的乘数效应"，也就是说社会中每减小一笔支出，就会导致减小成倍的经济循环量。

就像在大萧条中，美国的农产品、日用品、汽车等商品，均无法出售获得收入，而其中原因不是单单的"产能过剩"。市场的波动与崩溃，归根到底是经济人主观价值评价与实际经济情况的矛盾，这导致了经济人的决策失调，决策的失调导致经济紊乱。

我们使用债务合约来说明价值评判扭曲导致的经济危机（债务危机）。债权人判断未来生产销售情况能够覆盖本金，然而债务合约的内含价值在债务期间是不断变化的，当货币价值显著升高时，债务人实际上需要偿还更多的债务（较债务初始价格）。由于预期错误，已经不合时宜的债务关系依然无法修复，产生了扭曲价值的一个因素，并在经济关系中进行传导。

价值评判形成预期，是微观经济决策的基础。价值评判发生扭曲，会使投资、消费等经济活动失去决策依据，从而产生混乱的投资、消费状态，人们无所适从，混乱的经济可能进一步扭曲社会民众的价值评判，恶性循环。

人们按照一个扭曲的价值体系进行生产、消费决策，必然不会持久，就像日本的泡沫经济（远远高于实际的资产价格），疯狂后陷入泥沼长达二三十年。房地产资产泡沫就是来源于价值评价扭曲，是人们的心理扭曲了资产的公允价值。房地产合约关系、房地产的价值被锁定到了贷款合约中，难以调整，从而导致了经济长期难以调整。

总之，人们赋予经济产品的价值在不断变化，这种不断变化成了上层经济不稳定的基础。

1.2 底层逻辑的不稳定性

"分工生产"与"交换消费"是经济的底层逻辑，这两个方面都存在内生的不稳定性。

1.2.1　分工生产的问题

1. 社会的演进导致分工发生变化

分工不是一成不变的，而是发展的，在社会的演进过程中，分工的变化可以理解为行业的变化，当其他部门对你从事的产品生产或服务的需要减小，乃至不再需要，则你不得不调整自己的分工。

对于需求发生转移的企业，它的产品可能在未来卖不出去，企业的销售量是市场需求的体现，但是受制于有限的信息及预期的准确性，企业调节能力可能不足，当面临销售量显著下降时，才不得不接受现实，一部分进入衰退或破产，比如克莱斯勒及诺基亚，一部分在挣扎一段时间后，成功升级转型。一个产品的需求下降，也会波及上下游企业，这时就需要依靠市场自发的调节功能，但由于市场存在摩擦，价格体系可能无法助力市场自我调节。当市场需求发生变化时，部分企业并没有充分预期及转变的能力，这本身就是市场无法自我调整的例子，人们没有充分预期（产品需求衰退），则市场就不可能进行自我调整，这就是创造性毁灭导致的不稳定性。

2. 不同分工间跨行业调整难度大

企业员工在劳动力市场难以跨行业顺畅流动，分工的转换成本很高，比如你是一个做金融的人，转去做计算机的成本很大。由于经济人的知识结构与经验都集中在特定的领域，因此，不同分工领域间的人员流动是比较困难的。而很多人来不及对技术进步带来的替代效应做出反应，这部分人员学习新技能或寻找新工作需要一定时间。此外，分工使个体对自身行业信息相对更加了解，对于行业外信息了解不够充分，完美信息假设在现实中几乎没有可行性。因此，分工的演进本身就造成了一定的不稳定性。

1.2.2　交换消费的问题

所有分工产生的商品及服务要进行交换，这能够提升社会的整体福利，也是商品转化为 GDP 的必要途径。

1. 交换的方式及步骤

交换的最终目的是实现物物交换，目前交换的方式主要是通过货币或信用实现商品交换。交换分为两步，第一步卖出产品获取货币，第二步用货币购买其他产品。但是这两个步骤不是连贯的，当你卖出商品换取货币时，你可以不立即花掉你手中的钱，而是等到明年或以后再花，理论上这就实现了商品的跨时间交换。有了信贷，经济人还可以实现用未来物品交换现在的物品，实现提前消费。如果人们普遍选择将收入中的较少比例用于支出，则商品交换频率会减小，即使具备很高的生产能力也无法转化为 GDP。

2. 实现货币的边际效用是商品消费的动机

交易的发生是构成经济总量的基础，如果企业具有很高的生产能力，但是无法实现销售（交换），则经济也不会繁荣。买卖双方促成交易的完成，卖方也就是供给方，买方也就是需求方，交易的完成是供给方把商品卖给需求方。在市场上，每个人都是供给方，每个人都是需求方。为何会出现总需求下降？这表明单个经济人不愿意购买其他人的产品，因为这部分商品已经无法给他带来足够的效用，交易无法完成。

二、经济自身的不稳定性

凯恩斯表示，西方资本主义经济具有不稳定的内在属性。

诚然，经济本身天然就不是一个完全稳定状态，需要主观能动地维持经济的稳定性，以价格及利润为信号的"分工"经济模式，赋予了经济不稳定因素。

经济的底层逻辑是商品交易（物物交换）的循环，商品周转带来的货币周转，当交易停止时，市场经济活动随之停止。你没有理由相信商品循环会永远健康、平稳，商品交易循环弱化或断裂引发经济问题，经济危机可以理解为"交易的不发生"，或"经济循环弱化"。

当下，制约经济增长的往往不是生产能力，而是消费等因素。它们造成商品循环不畅通，市场交易减弱或停止，最终导致经济增长缓慢。古老的萨伊定律认为供给创造需求，也就是无论生产什么、生产多少，总能被市场消化掉。但现实并不如此，我们认为至少有四种内生因素造成经济不稳定。

2.1 经济人的行为

经济人（economic man），也称为理性人，是以追求物质利益为目的而进行经济活动的主体。假定经济人的认知与能力水平都是相同的。

经济活动是基于人的活动，不理解人的行为，难以深入了解经济问题，更难以解决经济问题。

亚当·斯密在《国富论》开篇就提出，市场之所以有效，在于经济人对于自身安全和利益的追求，他说："我从不认为那些为了公共利益而进行的政府干预会带来什么好处。"他认为个体只需要对自己的利益负责就可以增进社会福利。

然而现实是这样吗？其实我们稍作推断，就能发现这一论断有些过于绝对。我们以美国大萧条为例，当危机的寒意袭来，理性的美国居民全都采取减小投资、消费的行为，并加大储蓄，一方面是一种自然而然的避险行为，认为存钱以备不时之需；另一方面是预计货币的价值增值，未来货币购买力更强。以上两点皆为自利行为，最终带来的却不是市场有效，而是断断续续 10 年的经济衰退及波动。英国南海泡沫、法国密西西比泡沫的金融投机行为，依然是出于想要暴富的自利心理，同样造成了市场崩坏。

理论2 经济人的自利行为不仅会带来市场有效，也会带来群体经济低效，甚至是群体经济紊乱，群体的低效会反作用于个人利益；人们加大"储蓄"为应对未来，结果是造成整体的负向乘数效应。

信贷收缩是大萧条发生的主要因素之一，这当然是出于经济人自身利益的考虑，因为放出去的贷款往往难以回收，即便"银行家的儿子"在大萧条时期已经成了侮辱的词语，他们的放贷意愿依然非常低，这自然也是为自身利益着想，同样也没有带来所谓的市场有效。

在国家层面，胡佛在大萧条时期的贸易保护政策，出于降低进口商品的竞争力、稳定美国经济的自利初衷，结果并没有让美国情况发生好转，反而将全球经济一起拉下水。

市场中存在个体利益最大与群体利益最大的矛盾，个人或企业并不会从整体市场去考虑问题，自利的行为一方面导致了市场有效，但是当经济人认为市场有风险时，每个人趋于保护自己减少支出，家庭会减少消费，企业会加大裁员，这会使整体市场在危机中越陷越深，减少货币支出与市场交易繁荣是相悖的。

所以我们有理由认为，经济人基于效用最大化的行为，不总是带来市场有效，至少在经济危机时刻，自利无法实现整体市场有效，且有可能会引发进一步的衰退。

在经济的正常状态下，个人行为能够带来市场有效并实现一般均衡。经济人自由选择是整体社会福利的最大化的基础，因为个人对个人的信息掌握最到位，更知道自己想要什么，而且实现自身效用就是要满足其他人的效用，你只有对社会有用才能获取更多的收入。此外，一般均衡来自于有效的价格体系，而个体的价值判断是形成价格体系的关键。

市场的崩溃就像因恐惧而发生的踩踏。我们不能简单地认为自利行为总是会带来市场有效，危机中恐慌的经济人会减小支出，个体叠加造成宏观经济循环弱化。当经济增速变慢时，人们出于货币升值或规避风险的原因，都会采取减少货币支出的行为，没有货币支出就没有商品的流转，生产能力就无法转为 GDP。市场表现为货币流转速度的下降、经济总量的下跌，最致命的是价格体系进一步崩坏。人们的行为也不是为了故意伤害整体经济，结果却是造成了经济崩溃。

对于个体来说，如果改变策略增加支出，他将会受到损失，但是如果群体全部改变策略增加支出，则所有人都会受益，类似于博弈论中的囚徒困境。在危机中，个人的避险行为，却不是社会整体的最好决策，每个人也都会受到损失；只有整体全部改变决策，才能实现整体的最优。需要理解，每个人既是生产者也是消费者，你的收入不但依赖于其他人的支出，也依赖于自身的支出水平。

人们的经济行为还受到情绪支配，人们的情绪、情感是影响经济问题的关键，类似于凯恩斯提出的"动物精神"，也就是人们非理性的一面，信心、贪婪、嫉妒、仇恨等方面，是经济波动的底层因素。2008 年次贷危机的一个侧面就是信心危机，人们出于害怕想要撤回他们的资金，最终导致金融恐慌、抛售与挤兑。

2.2　商品交换过程

古典经济学家认为，与原始的以物易物相比，商品交易过程是割裂的。供给方在卖出商品获得货币后，直到他用钱去购买其他商品之前，并没有完成（经济）物物交换，也就是说商品交换的闭环没有完成，这是货币对于交换过程的割裂。

"交换"是当下经济问题的主因。经济增长速度快慢乃至经济周期都能从生产及交换层面的变动上找到原因，当下经济的不稳定的主因来自商品交换的难以进行。

理论3　通过货币进行商品交换，货币作为交换手段，交易过程是割裂的。当人们获得货币收入时，并不一定用于下一期的投资或消费。经济产生储存货币的倾向（避险情绪）会导致经济的收缩。

获得货币的人，可以用现在的货币购买几年乃至几十年之后的产品，只要他还活着，这是货币赋予的跨期交换。

在获得收入后而不用于支出，凯恩斯称之为"货币滴漏（Currency Drip）"，这直接导致全社会支出不足。有些经济学知识的人，都能理解支出不足是经济下滑的主要因素，因此凯恩斯倡导政府投资的方式，（通过投资）将货币注入到经济体中。通过政府投资获取收入的人，会拿出收入的一部分进行下一轮支出（投资乘数），这就是经济刺激的原理。

但刺激也存在弊端，在一定的阶段，一旦不再刺激经济，它会迅速回到原始状态。

由于商品交换过程是割裂的，当发生风险事件及市场波动时，公众自然而然产生避险情绪，将收到的货币储存起来。在南海泡沫、大萧条期间，人们普遍把货币藏在被子底下。

居民普遍认为货币天然具有价值，进而减少货币支出，这个结果是不言而喻的，普遍地减少支出就是普遍地减少收入（你的收入是他人的支出，你的支出是他人的收入），也就造成了商品交易的不发生，直接的结果就是企业营业收入减小，以及带来的连锁反应（负向乘数），每个人都会遭受损失。当每个人都趋于规避风险而减少货币支出时，任何企业都无法获取足够的销售收入，进而是裁员、破产，从而丧失生产能力（经济的基础不复存在）。此时，最好的决策是出现一个"领头羊"让所有人保持温和的支出，这也是明斯基的建议。

货币具有交换媒介、价值贮藏、记账单位等功能。我们来谈一谈货币的价值贮藏问题，这是一个容易被错误理解的概念。

货币天然不具备价值，价值也不能够固化到货币里。价值贮藏意味着货币本身在任何时间都具有购买力，因为商品在任何时刻的价值需要通过货币量去衡量。任何货币量在任何时间空间都会对应一定的商品价值，这是经济人通过主观价值评判对货币赋予的价值。

理论4 货币本身不具有价值，也无法单独储存价值，你持有的货币是一种求偿权，需要有对手方；使货币具有购买力的是商品持续的交易关系，是商品的持续供求关系。

上述理论也非常好理解，假设一个经济体的居民全部拥有了大量的货币，并均认为自己的货币足够支持生活，全部在家休息，试想一下，一年后，全体居民储存的货币还具备任何价值吗？

有效的价格体系，是经济循环的根本遵循。关于价格与价值判断的关系，我们给出一个公式：

$$价格 = 价值量/供给量$$

供给量体现了商品的稀缺性。控制了技术，就控制了稀缺性，也就能够有更优的定价权与利润水平。

这个公式可以解释水与钻石的悖论。价格与价值成正比而与供给量成反比。经济问题的底层因素在于，价格是随时间和空间变化的，因为价值与供给是随时间空间变化的。1825 年金属铝刚被制造出来时，价格堪比黄金，现在已经不太值钱了，因为供给量大大提升。一瓶水的价值在沙漠与城市必然不同，石油在沙特与其他国家的价值也不同。但基于价值的价格，往往难以准确随着价值变动调整，也就是所谓的价格粘性。

货币作为交换媒介，它的价值尺度作用必须发挥出来，才能使商品流转发生。在大萧条中，价格体系始终没有得到良好的重建，实体部门没有得到整合，这就导致交换不通畅，无论是人们想用人力换取商品（失业），还是商品间的互换（交易萎缩）。

弗里德曼说，"交换"让每个人都受益。 如何理解这句话？对于相同品质的商品，都遵循边际效用递减规律，比如你吃第一个汉堡很满足，第二个、第三个的效用程度远不如第一个；而通过交换，人们可以避免效用的递减，你用第二个汉堡去换其他人生产的红酒，红酒对于你来说是新的商品（效用没有递减），因此商品交易提升了效用和幸福感（通过缓解边际效用递减的方式）。

"交换"难以发生是阻碍经济增长的主要因素之一。 当下，社会的生产力是巨大的。但生产力无法直接转化为 GDP，因为 GDP 不仅仅依赖于生产能力，还需要通过商品交换才能进行转化，也就是说社会生产的货物要卖得出去。

商品会随着时间而被消费，而货币是永恒的，你购买商品支出的货币，成为其他人的收入，在经济体中循环往复。在现代经济中，信用则会产生货币湮灭。

总的来说，货币长久存在，与商品具备一定的使用期限，两者间存在矛盾。

2.3 "利润"与"经济"之间的矛盾

我们在上文解释了经济的内涵，也就是分工生产与交换消费，然而当货币出现后，一切都发生了改变。

人们不仅仅追求商品及商品带来的效用，还追求货币收入带来的快感，也就是说微观经济学中的所谓在预算约束线下（budget line）把钱花光达到效用最大化，可能不适用于全部地区或全部人群。

在某些时刻，人们对于货币的疯狂，超出了商品带来的效用。我们到底在追求商品，还是在追求货币？这两者在某种程度上是矛盾的。

熊彼特曾说，货币是服务经济循环的媒介，就像覆盖在实体上的一块面纱，而对其没有任何影响。看来，熊彼特认为货币是中性的（money neutrality）。货币中性是指货币供给的增长将导致价格水平的相同比例增长，对于实际产出水平没有产生影响。

如果仅出于经济循环的目的，人们追求货币就是为了消费。但在现实中，人们追求货币的目的往往没有那么简单，也就是说人们追求货币，不仅仅是为了能够用于消费，还在于货币带来的优越感以及货币权力带来的满足。

理论 5 货币理论上仅服务于商品生产及经济循环，而不服务于利润创造。企业追求财富累积和利润，与经济底层逻辑存在天

经济问题的本质

如何走出困境

然的矛盾，当企业无法获取预期利润时，生产同样会停止，这也是产生危机的底层逻辑之一。

因此，留存货币本身就能带来效用，这也是造成货币支出不足的一个主要原因。货币的力量是很强大的，而货币的力量不来自于自身，而是来自于商品交易关系，或是社会的经济循环能力，尽管人们仍然只盯住金钱，因为它能够帮自己实现愿望。

商品交换的目的不是为了获得货币，而是为了获得商品的价值。而实际情况真的是这样吗？

关于货币狂热。人们对货币本身是狂热的，货币是获取商品的有效凭证，人们已经根深蒂固地认为，货币具有获取商品的魔力。人们总是盯住自己的净货币资产，拥有的货币量越高，也就认为自己越有钱，但是无论货币量怎么变化，如果把总货币量看成单位1的话，总有些商品会根据自身的稀缺程度形成与社会存量货币相适应的高价格，总有人成为占据大部分货币量的相对少数。由于产能扩张的因素，在过去5年中很多东西价格没有变，甚至相对价格降低了，但是大家并没有认为自己财富增多了，这就是经济人的货币幻觉——只根据名义货币衡量自己的财富水平。

人们看重的就是货币量，也就是说，成为相对少数是人类发展不竭的动力。人们对金钱的狂热，有时候更甚于商品带来的效用。善于赚钱的人会挖下深沟，尽可能储存流经的水，导致维持流转的水越来越少，一段时间后，工人就不得不对河道进行疏浚。经济繁荣后往往发生萧条，不是繁荣不能持续，而是利润无法持续。

人们对货币存在普遍的错误认知。不仅仅是经济人，很多相关专业背景的人，都不理解货币的内涵，认为只要把钱攒够，实现所谓的财务自由，就能够高枕无忧了，然而宏观经济需要不断地投资生产，货币才会保持购买力。

当代，我们更懂得控制货币这个商品交易的中间态，来为自己谋利。在没有货币幻觉和狂热的前提下，价格和决策只受到实际价值的影响。

理论6　比较财富效用。个人的效用不但来源于享受产品，还有一个很重要的效用来源于财富比较（也就是相对财富量），这是一种优越感。

例如，你购买了一辆崭新的自行车非常高兴，正在精心擦拭时，看到邻居开过来一辆崭新的奔驰，你的心情可能会大打折扣，这就是财富的比较效用。

尤其是经济人间净货币量的比较，当人们持有货币的效用大于消费带来的效用时，人们会选择不支出。

货币的价值来源于自身的购买力，而购买力来源于交易的支持，如果没有市场中交易的发生，货币只能是一张纸。**为了提升自身的财富水平，经济人都尽可能地保存自己获取的货币动力，这种动力将会影响商品交易。**

我们认为，经济人对于货币利润强烈追求与商品交易循环之间存在天然的矛盾。人们追求的不仅仅是商品，对于相对收入、名义货币净值，人们的追求同样强烈，因为这是获取权力的方式之一。

教科书指出，商品交换的目的不是获得货币利润，而是获得商品的效应，货币的作用就是购买商品；黄金或白银作为货币并无更多的用处，与纸币无异。但情况真的是这样吗？

我们来解释一下利润。利润是一个某个时间点上净值的货币概念（未考虑企业债务问题），利润与收入有本质区别，利润需要用现金流

经济问题的本质
如何走出困境

入减去现金流出。在一定货币水平下，利润是此消彼长的概念，一个企业的高利润，必然伴随其他企业的低利润，就比如德州扑克，在筹码一定的情况下，有人赢钱就必定有人输钱。

而收入是一个流量概念，是指一段时期内获得的现金流入累计值，一个企业的高收入并不影响另一个企业的高收入，如果经济人追求的是收入最大化，那么矛盾还不会这么激化。

在一国的央行基础货币增长缓慢的情况下，社会抽象利润净值是固定的，对于它的争夺可想而知，最好的办法就是守住已获得的利润（减少支出而获取收入）。存在利润说明你额外获得了求偿权，当没有进行购买，这天然就发生了通缩，因为你的支出少了，在下一期其他人获得的收入就减少了，其他人收入减少必然伴随着进一步的支出减少。利润最大化的行为，本身就带有通缩倾向。我们来解释一下这个理论，对于利润的追求是将资本形成的商品转化为货币，并尽可能多的保留货币。

而经济循环交易严格来说是留存利润为零的行为，它的逻辑是实现商品交换，也就是说你提供商品换成货币后，需要将所有收入的货币购买其他商品或资本（用于再生产），才能完成一个商品交易的闭环。商品交易是 GDP 形成的基础。

马克思最早指出资本主义的弊端，利润是有限的，利润不足会导致危机的发生。这当然是对的，大萧条的发生很大程度上归结为金本位制的货币不足，货币的创造没有那么顺畅。如果在萧条中保持货币增长，矛盾可能在一定程度上被缓解。然而，上世纪中，人们并没有观察到货币不足导致严酷的经济问题（当时的人们倾向于货币中性理论）。

利润是经济系统中的关键因素，是积累的促进因素和推动力，投资的发生是为了获得利润，投资可以借助其他方式。假使利润下降，新资本的形成会减弱，经济增长的动力也会耗竭。

因此对于货币利润的追求与经济循环存在一定的矛盾。

同样是企业对于利润的追求，100 年前美国就发明了消费贷款，穷人们发现他们的存量利润可以不仅仅是零，还可以是负值。当借款人负债能力被消耗殆尽时，企业也无法获取更多的利润，就会发生所谓的"债务危机"。企业无法理解为何商品再也无法卖出去，于是经济体可能就希望通过战争等手段改变经济困境，转移矛盾，而它们不知道这其实是来源于人们的心理疾病。

2.4　经济自我修复能力不足

经济具有一定的自我调节功能，就像自然生态的自我修复能力和人体的免疫系统，但不像古典经济理论所说，能够实现完美的自我调节。

经济到底是如何自我调节的？归根结底是企业做出的调节、个人做出的调节、金融机构做出的调节、政策制定者做出的调节，是每个经济人改变决策、行动起到了调节作用。经济的自我调整，需要依赖所有个体的不停歇的主观"价值评判"。

　　理论7　经济自我调整以及自我修复能力是有限的，这导致市场难以快速、自发地回到均衡水平。

为何市场无法实现完美的自我调节？

一方面是信息传递和信息的处理问题。经济人决策的前提是获取市场信息，并处理信息，在市场经济中信息传递是实现个人选择、决策的依据，没有信息的获取就没有任何决策。因此，信息的准确、全面、时效是会影响市场调整的。信息的传递，本身需要一定时间，且经济人具有时间约束，仅能接收处理部分信息，不可能是信息全集。

另一方面是经济人的能力和认知的差异。不同的个体在教育背景、偏好等方面存在个体差异，信息的解读能力也存在差异，且个体的有限理性，必然导致群体的有限理性。经济调整是群体行为，本身就具有不稳定性。

我们以"价格粘性"为例，探讨经济的自我修复能力。在实践中，价格的同比例上升或下降调整在现实中是难以实现的，尤其是价格的向下调节。价格体系对于引导生产、消费的重要性不言而喻，价格包含了大量的市场信息（有些学者认为包含了所有的信息），体现了购买者的购买意愿、偏好、收入等信息。价格作为一种信息时时刻刻影响经济人的思维及行动，这些行动反之又会去影响价格。**价格体系难以向下调整，像一个黑箱，涵盖了宏观经济、行为金融等方面问题，在大萧条时期，名义价格的下降让企业苦不堪言。**

人们可能高估了价格体系的调节能力，凯恩斯称之为价格粘性问题。而古典经济理论认为工资和价格会同步下降，实际工资会保持不变，事实证明这一理论并不成立，价格的粘性要比想象中大得多。所以古典经济学提出的削减工资增加就业，基本是行不通的。也就是说商品价格、工资水平难以及时、充分调整，人们的信念很难改变，名义价格在人们心里根深蒂固。

价格并不像古典经济学所说能够自如地变动，使市场出清。为何价格难以向下调节，可能的原因如下：

其一，微观层面的货币幻觉（money illusion）。货币幻觉是指人们忽视货币收入的真实购买力，而只注重名义价值的一种心理错觉。人们不会去关心名义与实际（而实际值本身就是通过名义值比较而来），他们关心的是挣了多少钱，关心的是名义值而不是实际值（只要通胀不要过于明显)。

经济学家往往强调实际值,而名义值在现实中的重要性则更强。经济人都是损失厌恶的 (loss aversion),价格向下调整,人们的收入会随之减少,人们普遍认为自己的净货币财富减小,即使根据实际值他们的财富是增加的,因此没有人希望采取向下调整价格的措施。

同样基于损失厌恶,企业主一般不会做出损害自身利润的行为,比如降价。价格降低后,理论上销量会增大,然而现实情况往往并不如此。价格下降后,商品的效用 (utility) 与价格 (price) 之比(也就是大众所说的性价比。日本 1953 年到 1973 年的经济奇迹,依靠的就是低成本高质量的产品)U/P 将会变大,人们将会增加购买商品,但在某些时刻,商品的边际效用已经降到足够低,P 的降低也很难影响人们的支出意愿。此外,人们会观测到价格的下降趋势,进而减少支出,因为预测未来货币升值能够买到更多商品,这就进一步刺激了通缩。

价格体系在市场调节上起到指针作用。如上文所述,价格体系是价值体系的一部分。价格一般难以向下及时调整,因为人们仅仅对名义货币作出反应,而忽视其实际购买力的小幅变化。

其二,社会中各种锁定的合约、契约关系,阻碍了价格调整。对于现代企业与现代金融,合约关系锁定了货币的名义值,无法随时间调整。我们上文已经反复强调,货币的单位价值在不断变化(出于人们主观评判的变动),当商品首当其冲受到价格冲击时,企业的成本大大增加,下游产业链的价格仍然坚挺,已签订的合同关系和债务关系难以调整,这导致企业的困难和破产。在大萧条期间,就像美国钢铁这样的企业也会因遭受通缩而破产,价格快速向下调整危害是很大的。由于分工产生的分割,不同行业只对自己行业内的信息较为敏感,对于宏观经济的影响及其他因素的交叉影响敏感性不强,且经济人仅仅具有短期的预测能力，当面对快速下降的需求时，企业也难以找到及时有效的对策。工业部门也存在类似的问题，替代劳动的技术进步在提高产量的同时还消灭了大量就业机会。技术替代的速度与人们学习新技能的速度不匹配。

其三，价格向下调节会引发灾难性的后果——通缩。 价格下跌，会使今天的投资可能完全无法收回名义成本，亏损从来都是从名义值进行考虑的。总需求会随着工资的下降而下降，这会导致更少的工作机会以及经济环境的恶化，自由市场定然走向崩溃。

信息量庞大，锁定的权益关系，例如债务关系、合同关系等，都会使价格体系在短时间内进行调整。价格向下调整不可避免地加大通缩压力，因此，经济学通过经验法则（Rule of Thumb），认同温和的货币增长或温和的通胀是有利于经济增长的。

根据凯恩斯的有效需求理论，居民会因此减少支出，而这一状况会进一步加剧企业的财务负担，如果企业下调价格，则会面临销售收入下降的境况。由于企业具有生产资料成本及融资成本，价格向下调整需要产业链同步进行，然而企业间难以同步进行价格调整，金融机构也难以缩减合同中已经形成的收益。

市场自我调整，还需要所有人在大脑中完美地将价值判断进行系统更新，这无疑是难度较大且耗时的。如今，斯里兰卡、委内瑞拉政治混乱导致经济仍然没有回到正常水平，因为经济永远不单单是经济问题，经济也无法从社会中独立出来，其自我调整的局限性也很大。

三、经济的"致病因素"

现在，经济问题的主要矛盾集中在"交换"环节。

经济活动产生的收入与支出都是围绕商品"交易"发生的，没有商品交易（交换），则经济无法生成，当下，谁能将商品卖出去才是王道，而不是谁能将商品生产出来。我们列举了三个方面的经济"致病因素"，分别是：**金融（货币）与经济的匹配问题、债务危机、有效需求不足**，这些致病因素最终都会扭曲"价值判断"体系，弱化甚至摧毁"价格体系"，从而使投资与消费行为无所适从，弱化商品交换速度，造成经济衰退。

3.1 货币与实体经济匹配问题

目前的经济危机，往往是金融部门向实体部门传染，之后又相互负向加强。金融，即资金融通，是一个宏大的概念，包含货币政策、金融机构、金融监管、金融制度等一系列要素。

我们从金融中抽象出"货币"概念，并探讨其与"经济"的关系。**货币与经济，就像"水"与"庄稼"。庄稼需要水的灌溉，才能苗壮成长，然而水并不是越多越好，需要合理适度，针对不同的农作物，还需要采用不同的灌溉方式，针对不同经济体所实施的货币政策也会有所差异。**

3.1.1 货币构成

货币本身就是一个非常复杂的概念，既涉及存量，又涉及流量。

目前来看，无论是民众、学者、金融从业人员或政策制定者，对新增货币是如何被创造的，仍存在广泛的误解。

总的来说，货币量可以概括为两个部分：一部分是"基础货币"，是央行发行的对于公众的负债，可以用 M0 来衡量；另一部分是"信用货币"，可以用 M2 来衡量。1973 年，布雷顿森林体系解体后，现代

经济问题的本质
如何走出困境

"信用货币"才得以快速发展，有了大量信用货币，才有了现代意义上的央行。

基础货币通过"乘数效应"创造出大量信用货币。实际上，大多数国家当前主要使用的货币，不是国家创造的实物现钞，而是银行创造的信用货币。有学者指出，英国的基础货币占比只有3%（剔除了存款准备金），而信用货币占比高达97%。

如果你还认为货币量是央行"印钞"提供的，那么就有些简单了。

目前对于信用货币的创造过程，比较普遍的认知是：新增货币主要是在商业银行通过发放贷款、购买（债券）资产时产生的，其中占比较大的是贷款发放。银行在开展信贷业务的同时，也在我们的银行账户中创造了全新的存款，而这些存款实际上就是新增货币。

也就是说银行在发放贷款的同时，即在（获得贷款的）借款人的账户上创造了一笔新的存款，借款人并没有把借款拿走，仍然是留存在银行体系，这可能与传统的"借"有些不同，所以借款人不但没有从银行取走这笔钱，反而又增加了银行的放贷能力。

看似反常的概念，确实是非常难以理解，但如果实在理解不了，你就可以将银行的负债等同于信用货币，它们实实在在就是社会中的货币。

我们用实际的例子来说明"乘数效应"产生的货币创造过程。

假设客户查尔斯将1000元存入银行，银行就像一个"蓄水池"，然而储户不会一次性地要求使用"蓄水池"中所有的水，因此银行将存款借给需要的借款人，这些借款人需要钱进行投资或消费，然而借款人借出的钱并没有离开银行体系，银行按照中央银行的要求，上缴一部分准备金后，**贷款作为借款人的存款继续留存在银行体系**；银行只需要在不同账户上更改一下数据，通过一定的会计操作：减记一个账户的余额并增记另一个账户的余额。

　　假设中央银行的存款准备金率为 20%，则查尔斯的 1000 元中的 200 元需要上缴中央银行，剩余 800 元可以通过银行贷给借款人，并变成了借款人 800 元的存款，800 元存款在被扣除准备金率后再次被贷出……学过等比数列的都知道，最终的放贷额能够求和，一共是 4000 元。也就是说 1000 元如果被看作是基础货币，则 4000 元是信贷货币，货币乘数是 5。由于社会有成千上万个查尔斯都会在银行存钱，因此就能够派生出足够多的信贷货币。借助现代的电子支付系统，我们可以确保货币创造过程十分迅速，大多数支付可以在没有任何现钞实物转移的情况下，通过电子化的方式进行结算，**所有货币都只不过是计算机数据库中的数字记录**。

　　假设存款准备金率为 100%，则不存在信用货币创造，很多奥地利学派学者要求不得派生信用，也就是执行 100% 准备金。目前来看，很少有国家会真正执行如此严苛的信贷制度。有些国家，如英国或澳大利亚，对于银行的准备金并无要求，理论上货币创造能力是无限的。

　　底层逻辑都是非常简洁的，如图 4.1 这个倒金字塔所示，底层为基础货币，上层的衍生为信用货币。

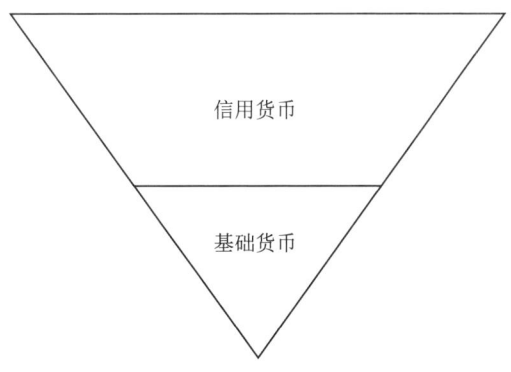

图 4.1　基础货币与信用货币

我们进一步深化对于货币创造的认识，我们认为现在的银行货币创造理论过于强调金融机构的作用，其实，**信用货币创造是全社会的行为**。

理论8 社会中的货币创造过程，是基于经济活动（经济交易关系），由金融管理部门、金融机构、企业及个人等相关方共同参与的过程。货币创造的主体至少包括：借款人、存款人、金融机构、监管机构。

以上的理论意味着，经济体"**通过**"银行创造货币，而不是由银行创造货币。货币创造需要由存款人、金融机构、借款人等共同作用才能完成。信贷收缩或信贷膨胀，货币收缩或货币膨胀，这不仅仅是银行或央行能够完全左右的，也取决于具体经济活力、市场情绪等因素。社会中由潜在实物经济循环作为基础，才衍生出了金融循环。

详细来说，存款人愿意将货币存入银行，这是乘数的先决条件，不然银行的自有资金不够；中央银行的基础货币及存款准备金制度，也是影响货币乘数的基础；最重要的是，借款人基于经济活动需要进行借款，银行才能够把钱放出去，才最终形成了货币创造的闭环。

货币供给不足以及信贷不足，这不仅仅是央行或金融机构的问题，这是一个社会问题，货币乘数是全民参与的。也就是说社会的需求不足，也会导致整体的信贷萎缩，比如银行积极放贷，但没有人去借款；或者借款人有需求，而银行不愿意放贷。

信贷本身也形成货币，比如引发次贷危机、日本资产泡沫的货币，基本上是通过银行创造出来的，是信用也是货币；**在其他条件不变的**

**前提下，信贷货币与基础货币的比例越高，代表经济周转越快、金融
脆弱性越高。**

历史上，银行发生挤兑会迅速使银行瘫痪，因为银行根本没有
那么多货币用于支付，都是创造出来的，银行也不可能立即从贷
款人那里回收贷款进行平账。信贷不同于基础货币，信贷还被称
为信用，因为它本质上就是一种担保，保障的是经济活动的交换
过程。

理论9 货币量由基础货币与信用货币共同构成，货币量与经
济量又是相互影响的，货币量会直接影响经济决策，而产生的经
济活动又会影响货币量。

货币量与经济量，这两个变量之间，还存在着产业结构、人口
水平、财富分布、行为特点等问题，所以不同经济体两个变量间的
相互影响方式和程度都不尽相同。图4.2表明两个变量是相互影响的
关系。

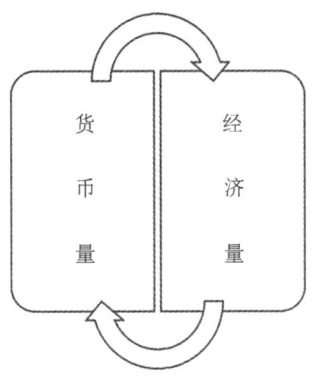

图 4.2 货币量与经济量

值得注意的是，"间接融资"是创造货币的主要途径，经济中的绝大部分货币都是由商业银行创造的，而"直接融资"并不创造货币。所以两者有着根本的不同，不能简单地认为"直接融资"就是高级的方式，就需要完全从"间接融资"转向"直接融资"。

3.1.2　金本位时代，货币不足是主要问题

大约在 100 年前，货币不足是导致经济问题的主要原因之一。

1821 年，英国通过《金本位法案》，正式启动金本位制。在金本位制下，货币单位价值等同于若干重量的黄金，国家之间的汇率由它们各自货币的含金量之比决定。

金本位制及金汇兑本位制，被凯恩斯称为"黄金镣铐"，它们限制了央行供给基础货币的能力，从而影响广义货币供给水平。

到了 19 世纪后半期，所有工业化国家都采用了金本位制度，在金本位制度下，所有重要货币都按固定汇率直接兑换成黄金，这种可预测的货币价值有利于世界贸易、贷款、投资、移民和支付。稳定的币值促进了全球贸易的繁荣，并使所有国家都受益，资本在各国快速流动，这是一段美好的黄金岁月。这时，货币供应量相对平稳，主要原因是南非发现大量金矿，以及黄金氰化提取技术的成熟。

金本位有它的时代性与价值，能够增强货币信心、稳定预期。但广义货币量必须随着经济的增长而增长，不然会绷紧宏观市场现金流。

在 20 世纪初，新机器带动的经济产出是惊人的：19 世纪 20 年代，操纵动力织机的人，其产量 20 倍于一个手工工人，而一台动力驱动的纺纱机具有 200 台手纺车的能力。与此同时，黄金产量却跟不上商品生产的速度，通货紧缩如影随形。图 4.3 显示 1920—1930 年美国 M0 及 M1 变化情况。

图4.3 1920—1930年美国M0及M1

注：数据来源于 Bureau of Labor Statistics。

总的来说，由于金本位制限制了基础货币的供给能力以及央行扩表的能力，从而连带限制了银行信贷货币创造的能力。市场上货币不足，以及宏观流动性不足，导致了名义工资的下降，影响了人们的情绪及经济决策，并发展成严重的通缩，摧毁了有效价格体系，使经济长期处于低迷状态。上述逻辑已经被弗里德曼及伯南克等学者充分论证。

1929年起，进入大萧条时期，生产部门和金融部门的矛盾开始显现。金本位制天然地导致了货币总量不足，货币量作为宏观调控的最重要工具受到了极大的限制。

想要增加货币，就必须增加黄金开采。在工业急剧膨胀的20世纪初，这样的货币供给显然是不够的，不仅是不够，而且是远远不够。弗里德曼说，这样的货币发行成本巨大，所有黄金必须从地下开采并存到美联储的地下室。不难理解，生产力的暴增，就需要匹配更多的货币量，不然将会引发通缩，物价下跌。

美联储在犹犹豫豫中，没有松开货币的闸门。人们终于开始品尝通缩的苦果，基本上可以论证，金本位是导致通缩的重要原因。美国联邦储备危机期间的货币创造，不但没有增长，而且仅仅为 1920 年的 47.9%，同时这一时期通货膨胀率基本为零或负值。

大萧条危机已经酝酿已久。而股票市场成了第一块多米诺骨牌，暴富心理、投机情绪，吹起资产泡沫，股票发行量和价格飙升。信贷资金、企业资金涌入股票市场，而当时的基础货币的供应是受限的，只能靠货币乘数来吹起整体的广义货币量，也就是高转速弥补基础货币不足，资金链很容易发生断裂。

正如下述的货币数量方程：

$$MV = PY$$

M 代表货币量，如果基础货币不足，则必须要求货币具备很高的转速 V。

钱去哪了？的确，钱确实消失了，是货币创造的消失，让所有人都没有钱。

理论 10 货币供给不足导致的通缩，是造成严重经济危机的主因之一。

货币因素是导致美国大萧条的重要原因，货币紧缩导致银行系统持续危机，最后出现价格和产出的下降。然而也有人认为是经济活动水平下降导致的货币萎缩，从硬币的另一面解释货币其实是对于经济的被动反应。（两者其实互为因果，谁最初发生并不重要，重要的是抑制危机的升级和传染。）货币和非货币因素其实也很难分开。并且，对挤兑的担忧不仅促使银行大幅提升准备金率，也使银行增加对流动性高的资产的需求，因此更少对外发放信贷。在紧缩环境下，银行出于保护自身资产的考虑做出的决定，进一步加剧了紧缩。

20世纪起，亚当·斯密以来的那一套政治经济学不管用了，大家不得已寻找新的出路。

随着大萧条的持续，恪守金本位的美国四面楚歌。1933年4月，罗斯福上台，宣布禁止黄金出口，放弃金本位。在摆脱金本位束缚后，美国终于可以扩大货币供应，使经济进入正轨。到1937年，货币供应量提高了50%。货币增多提高了商品价格，逆转了通货紧缩。

摆脱了黄金镣铐，美国经济逐渐开始复苏。

3.1.3 信用货币时代，货币过度刺激是主要问题

100年时间过去了，情况发生了变化，现在的问题不是货币不足或信贷不足。现在的问题是过多的"信贷货币"刺激导致的资产泡沫、债务危机。

近20年来，世界上很多经济体都采取了信贷刺激的措施，以促进经济增长。图4.4显示2000—2020年美国银行信贷占GDP的比例。

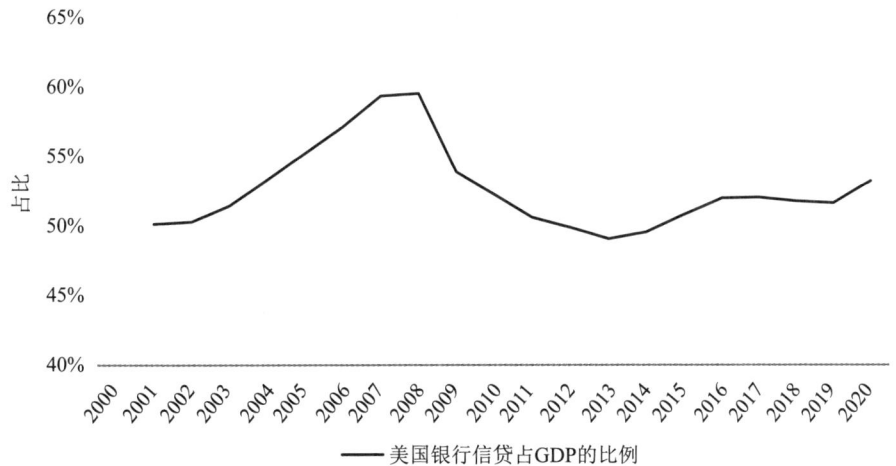

图4.4　2000—2020年美国银行信贷占GDP的比例

注：数据来源于IMF的IFS数据库。

经济问题的本质
如何走出困境

信贷对经济的促进作用也非常好理解，信贷货币形成支出，无论是投资支出或消费支出，都会扩张经济活动，增加企业的业务，间接促进就业水平。银行在发放贷款时，同时创造了等量的货币，这些新创造出来的货币会在经济中进行"循环"，部分有效的货币循环，会带来经济循环，提升产出水平。

比如从2001年开始，美联储将利率从6.5%降到1%，较低的利息刺激了市场的信贷活动，尤其对于家庭部门，与此同时，美国的经济增长维持在3%至4%，而失业率低于5%，通胀水平温和。我们有理由相信，宽松的信贷（货币），对于经济繁荣起到了积极的作用。

值得注意，大多数人其实根本不理解什么是信贷，就算是有些经济学者，由于没有实际的从业经历，也不明白信贷的内涵。熊彼特也曾说，要让经济学家认识到银行贷款确实会创造存款，是一件极其困难的事情。

对于信贷的标准解释是：银行信贷是银行将部分存款暂时借给企事业单位使用，在约定时间内收回并收取一定利息的经济活动。

而信贷的内涵远比定义要深刻。

理论11 信贷是创造出的购买力，是对预期的经济生产交换闭环提供的信用支持。

上述理论的内涵是：信贷的基础是社会中的生产活动。借款人谋划了一个项目，利用信贷资金进行投资建设，并产出商品进行销售，项目的总收入要覆盖总成本（假设全部为信贷资金），这个过程基本上是一个经济（商品）循环过程，因此信贷的作用是为"商品交易循环"提供保证，如果社会中不存在这样的经济交易关系，信贷也没有产生的必要。

上述解释也充分说明：金融是实体的衍生，实体是经济的根本。货币创造的前提是存在潜在的经济交易关系。

信贷在助力经济增长的同时，也会带来副产品，主要是推高资产价格、债务堆积、拉大贫富差距等。

理论 12　信贷刺激的两面性很明显，积极的一面在于刺激经济生产、交换，消极的一面是吹大资产泡沫、产生巨额债务，且存在进一步拉大贫富差距的可能。

有些经济体的主要资产是房子，有些则是股票或债券等金融资产，不同经济体的企业也会存在差异，同样是股票，其质量也有区别。

资产价格上涨，必然需要强力的买盘，而信贷货币是创造购买力的来源。市场预期资产价格上涨，以及存在普遍的看涨情绪的基础，是货币量形成的买盘力量，不然上涨无从谈起。然而，基础货币是有限的，但信贷货币可以被大量创造。

试想一下，如果不是大量的信贷作为"买盘"，日本在 20 世纪 90 年代的资产价格怎么会如此夸张。非理性的信贷是一种普遍现象，信贷堆积的最高点往往预示着经济的风险也酝酿到了爆发的边缘。

在现代银行体系中，很多信贷并未用于支持新的资本投资，而是为购买现存资产提供资金，特别是为购买现存房地产提供资金。经济繁荣的时期，宽松的条件导致信贷急剧扩张，随后经济下行导致了信贷合约崩坏，造成信贷萎缩，这也被称为"信贷周期"，并造成严重的经济危害。

信贷是如何快速推高资产价格的？居民或企业在购买资产时，他们仅需支付 20% 的首付款，剩余的 80% 可以通过信贷支付，人们投入 100 元的资金，就可以获得 400 元的信贷，原本 100 元的购买力，变成了 500 元，这种买方力量的加成，提高了资产价格，原本可能只值 200 元的资产，上涨到了 500 元。1985 到 1989 年，日本国内银行信贷规模增长 65%，而房地产信贷规模增长 4 倍，土地价格上涨 245%。

然而问题是，信贷不可能无限增长，它是基于经济活动量而产生的，基于错误预期形成的债务合约难以维系，最终资产价格的崩溃损害了企业的资产负债表。企业所持的资产价格已经剧烈下跌，而企业的负债却没有相应减少，因为债务合约几乎是锁定的，企业无力偿还大量的负债，市场资源配置体系已经紊乱。基于美国、英国、日本等国家的历史经验，信贷大幅扩张之后，经济往往会发生衰退。

由于市场主体没有能力还本付息，这造成了整个经济的支出循环发生问题，同时企业也没有能力支付工资，这种支出萎缩一样呈现负向"乘数效应"。

在 20 世纪 80 年代，英国经历了一轮强劲的信贷扩张和房地产繁荣，但随后便出现房价急剧下跌和经济衰退，并且经济复苏十分缓慢；2008 年危机爆发后，所有受波及的经济体信贷扩张戛然而止，美国年均信贷增速由危机前 10 年的 8.8% 降至 2009 年的负 2.5%。

过犹不及，信贷不足和过多，皆不妥当，因此需要在信贷规模刺激及风险防范之间达成某种平衡。

当信贷崩溃、买盘崩溃时，市场的现金流就会断裂。作为转动经济机器的链条，现金流的断裂无疑是毁灭性的。当宏观现金流出现问题时，各国央行都通过主动扩张央行负债表等方式投放基础货币，连接断掉的现金流。例如 2008 年次贷危机，多个国家都实行了多轮量化宽松政策，使得其资产负债表加快扩张，如日本央行的总资产规模已超过 GDP 的 90%；美联储通过量化宽松扩张其资产负债表，在资产端大量买入美国国债和资产抵押证券，而在负债方增加了商业银行的存款，也就是基础货币。大量购买国债和资产抵押证券确实也直接为实体经济注入了货币，且提高了全社会对流动性的信心，为经济恢复起到了推动作用。

值得注意的是，美国大规模的扩表行动降低了危机的破坏力，且国内广义货币并没有快速增长，其 M2 近十年的平均增速仅有 6%，与其长期的平均增速一致，所以让人担忧的通胀问题并没有发生。这也从实践的角度说明，量化宽松政策并不会造成通胀的急剧上升，具体的逻辑不在这里展开论证。

由于经济体由微观个体组成，我们认为想要实现（信贷）货币与实体之间的完美匹配非常难，信贷的管理总是充满挑战，需要货币主动去匹配实体，因为实体经济是自发的，你需要观测到实体的数量、结构等等要素，才能相应地匹配合适的货币，这天然存在时滞。此外，货币匹配经济不仅仅体现在总量上，货币的结构也需要与经济相匹配，这就更加困难了。

3.2 逃不开的债务危机

银行信贷形成信用货币，也形成债务，信用货币与债务是孪生兄弟，从某种角度来看：货币、信用、债务是一个事物的不同方面。

要理解债务对经济的影响，首先要明白债务的内涵。债务是一种契约关系，债权人向债务人出借名义货币，并在一定期限后收取本金及利息。作为服务经济循环的金融手段，经济发展离不开债务关系。

债务就像是推动经济机器运作的燃料，也像驱动毛驴拉磨的玉米，一般来说，债务杠杆用于博取更高的收益。银行向借款人发放贷款时，就形成了借款人的债务；借款人进行债券融资时，依旧形成了债务。

债务意味着借款人获得了一笔"钱"用于支出，比如用于项目建设或消费支出，这都能够增加经济活力。债务带来了动力，带来了暂时的利润和一段时间的繁荣。然而，为何会产生过量的债务？一方面，国家的经济活动伴随着信贷的增长，实体的经济规模决定了信贷规模；另一方面，政策主动地加大信用货币供给，用于刺激经济，竭尽全力去挖掘可能的经济交易关系，同时人们对于财富的贪婪、幻想、渴望，最终催生了过大的债务规模。

债务是未完成的经济合约，是长期交换关系，如果你能理解到这一点，你就能够充分理解债务危机发生的机理。过度包装的项目，以及不存在的底层经济交易关系，在债务合约签订的那一刻起，无法偿还的结局已经注定。

关于债务危机，国际证据都表明，经济灾难爆发前几乎都出现了债务的大幅增加。在 1929 年大萧条以及 2008 年次贷危机之前，美国家庭债务都出现了大规模增长。类比于化工、造纸等行业对自然环境的污染，低质量债务合约污染了全球经济。衰退前，债务增加反映了人们对未来收入增长的乐观预期，当这些高期望没能实现时，就会产生严重的衰退。信贷具有较强的顺周期性，在经济景气的时候银行扩大信贷投放，形成债权债务关系，在经济衰退时收缩信贷规模，这加剧了金融体系的脆弱性。

大萧条期间的债务问题非常明显。1928 年美国公开发行的公司债券和票据为 470 亿美元，是 1920 年的 1.8 倍；非联邦公开证券为 336 亿美元，是 1920 年的 2.8 倍。20 世纪 20 年代是消费信贷的起点，正如前文所述，大萧条前，美国分期付款的兴起彻底改变了居民家庭购买洗衣机、汽车和家具等耐用品的方式，社会对借贷行为的态度也发生了变化，以贷款方式购买商品更加为人们所接受，这都为美国经济危机埋下了种子。

经济的底层逻辑之一是"交换"，债务合约则将瞬时"交换"发展成几年甚至几十年的"交换"，这种长期性是造成经济不稳定的主因之一。所以，债务合约是市场失灵的重灾区。

  理论 13 债务危机最致命的是损害了价格体系的有效性，基于借贷形成的交易关系及价格体系，在借贷关系难以为继时，同样难以支撑。

资产价格越高，"价值评判"的扭曲程度就越高。无论是通胀型债务危机还是通缩型债务危机，都造成了价格体系的扭曲。也就是说，债务问题最终扭曲了"经济交易关系"。不患贫而患不公，这是伟大的、古老的智慧。当人们无法使用一个公平合理的价格进行交换时，每个人都认为自己的利益被损害了，所有的生产都难以被交换，投资无法转化为消费。

3.2.1 债务的问题点

债务，需要支付利息，还需要在未来特定时间归还本金。

  理论 14 难以履约的债务关系、过度的债务规模是造成经济危机的主因之一，加杠杆容易，去杠杆难。过度的债务在刺激短期经济增长的同时，透支了未来部分的经济循环，人们为了利润饮鸩止渴。

债务危机因信贷刺激经济难以为继而爆发。我们认为，经济的底层逻辑是分工生产、交换消费，然而信贷的作用是加大交换力度，利用未来的购买力，来换取现在的资产或商品，也就是资产或商品的跨期交换被放大了，这当然会带来经济繁荣。

债务问题暗含一个逻辑：对于某一些人（尤其是富裕阶层），他们需要的是"金钱",是一种权力,因此他们生产一系列眼花缭乱的商品去换取"金钱",然而对手方的钱是有限的,这时,他们就通过创造负债的方式,继续巩固自己的金钱权利。

债务理所应当是把双刃剑。正面看,它是商品经济循环的最主要手段,因为债务的另一面是资金,资金调配资源,形成生产工具用于经济生产,尤其是经济高速发展阶段。反面看,债务透支了未来的交换关系,财富更加两极分化,债务的危害在于先给予人们希望,后带来痛苦。

所以,债务规模既是繁荣的推手,也是造成萧条的元凶。

辜朝明的资产负债表衰退理论,也指向债务危机。何为资产负债表衰退?当资产泡沫破裂后,例如美国 1929 年大萧条及 2008 年次贷危机,资产价格崩坏但债务合约仍在,企业不得不偿还存量债务,转向"负债最小化"的经营策略,也就是说,企业承担的实际债务价值被放大了,导致未来企业创造的价值都难以覆盖名义债务。

借款人是首先遭受损失的群体,因为资金链断裂而违约,这一危机迅速传染至银行及社会整体。例如日本资产泡沫破裂导致大量银行破产(无法回收贷款),政府不得不接手银行。日本战后经历了持续的经济繁荣,20 世纪中后期,日本股价及房价均增长了 5 倍以上,日本的发展令世界惊叹,傅高义撰写的《日本第一》成为畅销书,但 90 年代资产泡沫后,日本陷入债务泥沼。

我们需要客观地评价债务带来的正面作用,也应该看到债务带来的问题。我们将债务的问题归纳为如下五点:

其一,债务锁死了名义额度。

固定的契约关系是债务的致命特点。当你签下合同时,名义债务额度已经锁定。名义债务的实际价值是不断变化的,借款人必须承担债务对应资产价格下跌相关的损失。**在经济衰退中,借款人不可避免**

地要承担债务名义额度几倍的实际偿债负担。

其实，债务合约在起始点，很难形成绝对精确的价值判断，也很难形成真正公平的债权债务关系；由于未来的不确定性，越是长期的债务合约，其对等性、公平性就越差，风险也就越高。

当经济增长动力不足时，债务人的投资收益下降甚至是亏损，但债务的名义本金是锁定的；经济萎缩时，价格、收入下降，债务的真实价格是上升的。也就是说，债务看似一成不变，其实是动态变化的（单位货币价值的变化），这往往加重了借款人的负担，增加了破产和破产风险；而在现实中价格向下调整，存在很大的难度，借款人难以摆脱债务的牢笼。

已经形成的债务合约是不合理的，债务人承担了过多负担，但又难以解决——A deal is a deal。

债务危机往往伴随通缩，价格下降会进一步恶化债务人的处境，因为债务的实际价值上升了。日本的历史证据显示，企业会变得资不抵债并产生破产。经济体中的企业与个人，在债务数量不变的情况下，其债务压力可能是越来越大的。如遇到严重的债务问题，在不引发通货膨胀的前提下，经济体需要施行量化宽松政策缓解流动性问题；如果坚持刚性的债务合约，则可能长期陷入衰退，比如在大萧条期间，美国居民实际债务负担增加了40%，尽管债务名义值没有变，而美联储并没有及时向市场注入流动性。

其二，债务规模的自我强化。

债务规模会自我强化，债务增长到达顶峰后，又会急转而下。这个理论已经被众多学者所论述。也就是说，由于借贷活动兴盛，人们更加容易地获取了大量借款，并用于购买资产，信贷货币推动了资产价格的上升，资产价格的上升又能够增加借款人的抵押品价值，表现为更加好看的资产负债表，借款人从而有能力获取更多的融资，这就是债务的自我强化。

债务规模自我强化会推高资产价格。以房地产价格为例,假设买房人需支付的首付款为房价的30%,则剩余的70%可以通过银行贷款。银行钱是哪来的呢?主要是通过存款派生出来的,信贷极大地提高了居民的购买能力。居民投入30万元资金,就可以借入70万元的贷款。如果居民只能支付30万元,那么房屋价格不得不下跌来扩大需求(销量),而如果居民能够借用杠杆,那么房屋价格将会被抬升。你如果懂得需求与价格之间的关系,就能够理解这个资产价格抬升过程(见图4.5)。

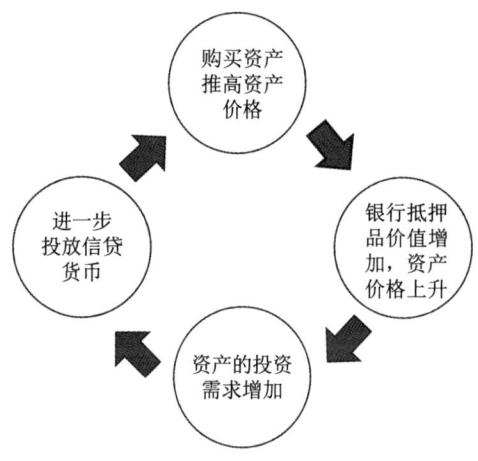

图4.5　债务驱动资产价格上涨

《金融危机史》的作者金德尔伯格通过对几百年历史事件的研究,注意到资产价格的主要推动因素几乎均是信贷供给的扩张。也就是说,在收入增长没有任何明显改善的情况下,贷款人向借款人放贷的意愿增强,借款人在"羊群效应"下,加入了购房大军。

2008年美国次贷危机并不是一夜之间发生的,风险已经积聚了很多年,也是典型的债务自我强化现象。当时的人们都认为,房价会持续上涨,房地产是最好的投资标的。

从 2000 年到 2007 年,美国的家庭债务急剧上升,7 年间总量翻了一番,达到 14 万亿美元,家庭债务收入比从 1.5 上涨至 2。美国居民举借的债务已经超出其还款能力范围,部分债务人没有能力按时还本付息,2009 年住房抵押贷款拖欠超过了 500 万笔,每 10 个人就有 1 个人拖欠贷款,这是非常高的比例。

经济体往往容易忽视债务规模的自我强化效应。通常来说,央行的主流操作是利用价格工具维持低通胀以此促进经济增长。次贷危机后,美联储反思自己只关心经济的增长、通货膨胀,而忽略了债务规模、衍生品的增长,次贷危机也让美国认识到了金融体系比想象中更加脆弱。

其三,债务刺激引发后续经济衰退。

债务刺激经济力度越强,后续发生衰退程度越深。

信贷刺激是各国普遍的经济手段之一,这些钱往往都流到了房地产上,随着房价的上涨,居民买房的热情高涨,形成"羊群效应"。人们借钱买房是房地产泡沫的重要推手。

泡沫破裂后,债务人无法按时还本付息几乎是必然,原因在于:债务人在经济萧条时收入减少,低收入的债务人往往不具备实物资本及人力资本(用于产生收入),债务人天然就处于劣势地位。

杠杆加得越高,摔得越疼。不仅仅是美国,很多欧洲国家在次贷危机之前,家庭债务规模同样大幅增长,例如英国、西班牙、荷兰、丹麦的家庭债务增长率甚至高于美国。1997 年至 2007 年,美国家庭信贷的年均增速为 9%,英国则为 10%,德国为 16%。经济繁荣时期的信贷增加与此后的经济衰退之间存在紧密的关系。

随着危机的到来,英国、德国的支出一样剧烈下降,下降幅度比美国还大。可以观察到,在 2008 年至 2009 年间,居民支出下降最大的国家,往往是在前些年大幅加杠杆的地区。

其四，债务风险被衍生品放大。

如果底层债务被衍生品层层嵌套，则金融市场会面临较大的流动性风险。如果仅是大概 10% 左右的美国住房贷款违约，还不足以造成 2008 年起全球的金融海啸。

债务合约并不是随意签订的，在正常情况下，一系列的审批流程是必须的，金融机构会充分评估借款人以及项目的具体情况。因此，在监管体系相对完善的当下，债务合约出现超大范围违约的概率比较小，除非信贷刺激过大或遭受了不可控的冲击。次贷危机的问题还在于：传统的银行体系已经不是美国金融业的主导，影子银行难以监管。

资产证券化，本身是为了提升资产流动性及实现风险转移。银行把底层资产（抵押贷款）证券化，并出售给保险公司或投资机构，银行实现了无风险套利。**证券化并没有增加能够带来收益的底层资产，而手续费和金融机构收入却在不断增加，风险也没有减小，而是转移到整个金融体系。**

导致金融危机爆发的重要原因不仅仅在于房价的起落，更在于随房价变化而变化的住房抵押贷款产品及相关衍生产品的广泛使用。被层层嵌套的金融衍生品，在金融体系中来回翻滚，规模和风险被放大几十倍。在华尔街，被奉为伟大的创新的证券化，成倍放大了底层债务的风险，并在全球市场销售，通过包装打造成"纸面现金流"，任何一个环节的流动性出了问题，会导致一连串的风险，就像火烧赤壁。

其实，金融工具的底层只有两种：股权和债权。任何金融产品创新都是两种关系的组合或切分，以及权益和风险的细分与重新组合。金融主体在丰富投融资工具的同时，获取套利及手续费，然而以"套利"为目的的金融创新有百害而无一利。

其五，外债比内债更加棘手。

近几十年以来，很多经济体都经历了外债危机。像墨西哥、泰国等中等体量的经济体希望借助外债快速发展经济，结果得不偿失。外债危机与内债危机还是存在不少差异。

经济体量小的国家，局限于自身经济实力孱弱，希望通过借入外债购买外国资本及设备。偿还外债还面临汇率波动风险，借款人的命运无法掌握在自己手中。

对于国内本币债务危机，外币债务危机更为棘手，因为经济体不能够通过自主印钞来结束债务合约；此外，汇率还可能被恶意操纵，例如A国大量抛售B国的货币，造成B国货币贬值，加大B国偿付压力。

我们来看一战德国的外债危机：1914 年，德国在一战期间大规模发行国内债券，用于支付日以继夜的战争支出，在 1914 年到 1918 年的 4 年里，政府的平均赤字率高达 40%（按照当下的国际标准，一般以不超过 3% 为警戒线），德国不得不开展财政赤字货币化，并造成货币贬值。德国民众越来越不愿意购买政府债券，不得已德国政府开始借入外债，与本币债务不同，外债必须用外汇偿还，不能通过印钞消化，但汇率又是变化多端的，且容易被人为操控，进一步使借款人处于不利地位。

如果德国能够打赢战争，马克可以升值，债务问题会有所缓解；如果德国战败，将会背负大量赔款，债务与经济问题将会陷入困境。战事总是变幻莫测，苏维埃政权建立后，俄国在 1918 年初退出战争，这增加了德国胜利的预期，但结局我们都知道是德国战败了。

德国战败，投资者忙于抛售以马克计价的资产及马克本身。德国在 1919 年 6 月 28 日签署了《凡尔赛和约》，这引发马克汇率再次大幅下挫，1919 年 7 月到 1920 年 1 月，马克兑美元汇率下跌了 90%。德国无力偿还外债，货币贬值引发的恶性通胀导致经济迟迟没有恢复到战前水平。

此外，1997 年的亚洲金融危机以及 1982 年的墨西哥债务危机都是外债导致的金融危机，其中不乏金融操纵的因素。2010 年发源于希腊的欧债危机也具有一定的外债危机特点，希腊等国家以欧元的形式欠债，但它们对欧元没有任何控制能力。

3.2.2 债务主体

不同的债务主体，其融资的目的也不同。债务主体包括：家庭、企业、政府，这三个部门也是经济学分析的基本主体。

1. 家庭负债

家庭是经济体的单元，是宏观经济的微观基础。

基于对历次经济危机的观察，我们发现，家庭债务累积与后续支出乏力和严重的经济衰退间存在某种关联。这种关联并不难理解。在获取收入后，有房贷车贷的家庭需要先偿还负债，你的钱都付给金融机构了，你就没有剩余的钱用于消费支出。当背负较大的家庭债务时，你会明显感觉到生活的压力，担心工作的稳定性、身体状况、子女教育等，相比于借贷，还贷是长期的、艰辛的。

当下家庭债务的特点包括四点，分别是：全球家庭债务率增长较快、最大的负债来源于住房贷款、债务透支了居民未来支出、债务危机会让低收入者遭受更多损失。

第一点，家庭债务普遍呈增长态势。

$$家庭负债率 = 家庭负债总额 / 家庭资产总额 \times 100\%$$

21 世纪以来，各国家庭负债率均呈现出上涨趋势。一个家庭的资产主要包括金融资产（货币、股票、债券）、房屋资产等，负债主要为银行借款。目前，大部分发达国家的家庭负债率基本在 50% 以上。

2020 年，日本的家庭负债率为 58%，美国、英国、法国的家庭负债率均在 75% 以上。瑞士的家庭负债率最高，超过 130%，根据社会调查，瑞士超过一半的家庭都感受到了财务压力，有 68% 的家庭担心未来 3 年生活品质会下降。

在国际上，家庭负债率警戒线一般为 60%。过快的家庭债务增长无疑是值得关注的，因为它增加了人们的偿债压力，并孕育系统性风险。

全球也存在家庭负债率较低的国家，例如俄罗斯为 19%，墨西哥和土耳其，家庭负债率分别为 17% 和 14%。不同国家间的家庭债务率比对也会存在一定的局限性，尤其是发达国家与发展中国家之间，以及文化及人口结构不同的国家之间，可能存在债务率数据相似，但问题完全不同的情况。

从家庭债务占 GDP 比重来看，美国 2001 至 2008 年家庭债务占 GDP 的比例由 75% 上升至 98%，绝大部分的增长来自住房抵押贷款。各国情况如图 4.6 所示。

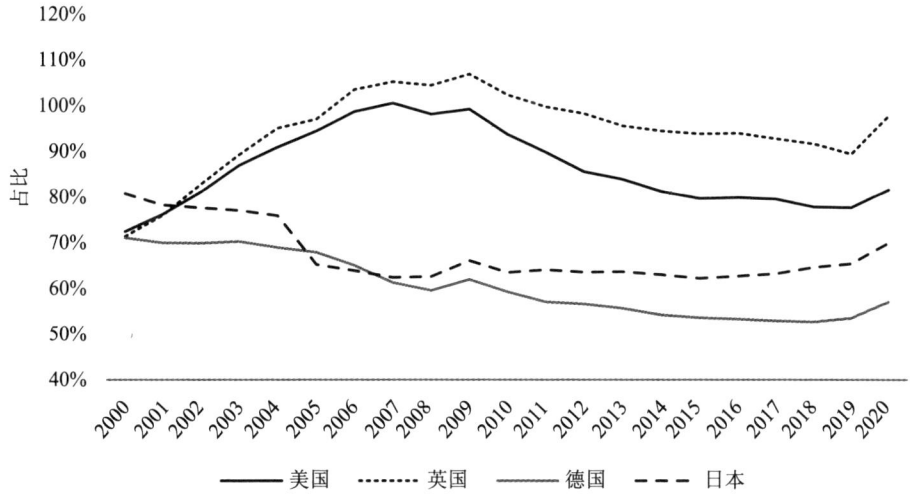

图 4.6　2000—2020 年美国、英国、德国、日本家庭债务占 GDP 的比例

注：数据来源于 Global Debt Database。

第二点，家庭部门最大的负债来源于住房贷款。

居民负债结构中，房贷是大头。在发达经济体中，房贷占所有家庭债务的比例在 60% 至 70% 之间。英国国家统计局数据显示，2018 至 2020 年间，英国家庭负债总额为 1.36 万亿英镑，其中，住房抵押信贷为 1.23 万亿英镑，占比超过 90%；无抵押的消费信贷占比 9%。危机前往往出现住房贷款的快速增长，2000 至 2007 年间，美国、西班牙、爱尔兰住房抵押信贷规模分别增长了 134%、254%、336%。

居民对买房如此热情，一方面是追求舒适的居住条件；另一方面是投资增值需求。人们追求舒适的住所无可厚非，问题出在投资增值方面，所谓的投资增值需求需要有人接盘，当无人接盘时，价格难以继续增长。

政策刺激往往"吹大"住房贷款规模。2001 年的时候，美国降息刺激了房地产业，市场一片欣欣向荣，大家都很满意，信贷增加了纸面财富、扩大了消费。为了获得更多的手续费及利差，许多银行开始把款贷给资质较差的借款人，这些抵押贷款通常需要很少甚至不需要首付和财产证明，美国房价在 2006 年夏天到达顶点。

人们负债购房，与此同时，房产成了国民财富中最重要的组成部分。债务及财富集中到房地产，会产生泡沫，泡沫破裂摧毁了居民账面财富，打破了幻想。对西方很多居民来说，房屋资产是他们唯一的财富来源，他们还指望用它来养老或支付孩子的大学教育费用。

乐观的购房者预计自身收入在未来几十年能够覆盖贷款本息，然而他们并没有考虑整体经济下行导致的收入不足或失业问题，其实，现实是人们需要工作更多年，才能够买得起住房，房价的增长速度远远超过居民的可支配收入增长。图 4.7 显示 1996—2022 年美国和英国的房价收入比。

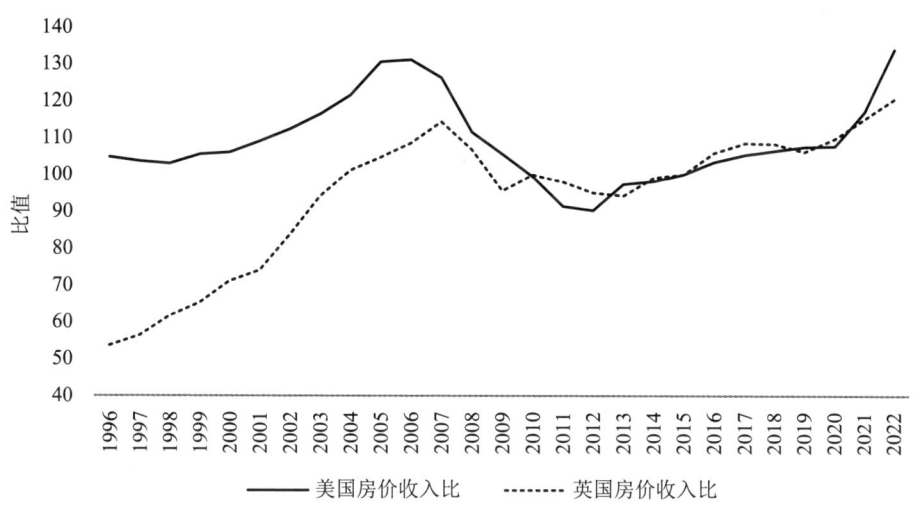

图 4.7　1996—2022 年美国和英国的房价收入比

注：数据来源于 OECD 统计。

此外，房地产的价格很难有效。如果一个投资品或消费品的寿命较长，价值较大，则其合理价值越难估算。就是说，房地产可能并不值那么高的价值，但是房价被债务推高了，被人们借钱买房推高了，产生了一个大大偏离实际的价值。这就导致了相对不合理的合约关系，有些人在高点买入资产，且通过负债的方式，当借款人无法按时偿还贷款时，就等于推倒了经济危机的第一块多米诺骨牌。危机导致了人们信心的下跌，难以解决的存量债务合约催生了经济的长期衰退。

房地产问题的后遗症持续期很长，例如 1987 年的挪威、1990 年的日本、1991 年的瑞典。这些国家所发生的经济衰退都由房地产崩溃所引发，银行业、企业大规模损失，而且这些经济体都陷入深度衰退且恢复都十分缓慢。

第三点，债务负担削弱了居民未来消费能力。

过度的家庭债务导致了还本付息压力加大，人们不得已在某个阶段减少消费支出。

在 2008 年秋季之前，美国居民的支出已大幅下降，住宅投资和耐用品消费就已经急剧下滑了。2008 年，美国居民的汽车支出下降 9%，家居支出下降 8%，装修支出下降 5%，这些下降全部都出现在雷曼兄弟破产之前。

美国研究机构将衰退的起始点确定为 2007 年的第 4 季度。家庭债务不断增长，还本付息压力逼近阈值。透支未来是家庭债务的负面作用之一。收入大部分用于还债，家庭支出必然减少，如果赶上经济衰退，家庭可能在破产边缘徘徊。

在债务积累到一定程度后，社会消费支出开始萎缩，同时工作岗位越来越少。大萧条之所以如此严重，就在于自主支出持续大幅下降。1930 年的消费下降是自然而然发生的，且下降幅度很大。

家庭债务收入比＝家庭债务/家庭可支配收入。在 2000 年，美国家庭债务收入比约为 1.5，2008 年全球金融危机前飙升至 2.1，之后回落到 1.7 左右。各国情况如图 4.8 所示。

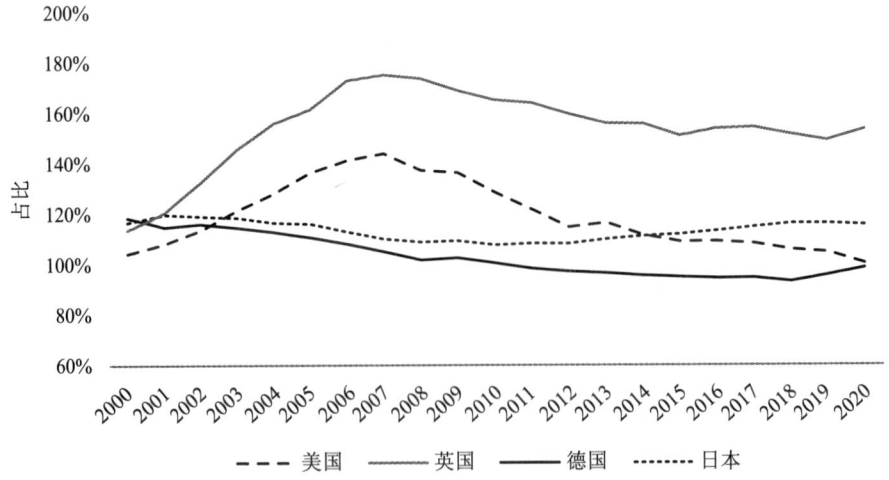

图 4.8　2000—2020 年美国、英国、德国、日本家庭债务占可支配收入的比例
注：数据来源于 OECD 统计。

房价崩盘造成居民财富值大幅下降，同时削弱了居民的消费能力。消费支出基于财富与收入。很多人因为他们的房子价格上涨，认为自己变得富有了，但突然发现房价跳水了，这意味着他们抵押贷款欠的钱已经超过了房屋的价值，借款人的房产实际上已经是负资产。面对净值减少，家庭开始缩减消费开支，这种转变遵循了简单的"财富效应"：当感到富裕程度下降时，人们便倾向于削减消费，增加货币储蓄。例如，大多数欧洲国家在2008年之前也经历了长达十年的房价上涨，危机前房价越高的地区，在危机中居民消费下降越多，经济衰退越严重，失业率也越高。

第四点，债务问题会让低收入者遭受更多损失。

面对房地产泡沫及债务危机，高收入者的情况往往要好一些，而穷人会遭到更大的损失。

一方面，高收入者的杠杆率要低一些，因为他们的债务比例要少于低收入者。在美国，财富排名前20%的居民杠杆比率仅为7%，衰退到来时，他们的损失比率自然要小。杠杆不但能够放大收益，同样能够放大损失。假设居民使用10万元的自有资金，及90万元的贷款，购买了100万元的房屋，居民的净资产依然为10万元；如果房价下跌了10%，房产所有者将损失10万元，也就是血本无归。泡沫破裂，房产所有者已经"资不抵债"或者"价值倒挂"了，房产所有者要么继续保留房屋，而所欠银行的住房抵押贷款超过房屋的价值，要么即刻卷铺盖走人。

另一方面是在资产端，富人往往拥有更加丰富的财富结构，高收入者还拥有股票、债券、珠宝、古董、电子货币等资产。在美国，穷人的房屋资产占比80%，其他资产占比20%；而富人恰恰相反，20%的房屋资产以及80%其他资产，比如基金、股票、债券、汽车、黄金等。最穷的房产所有者也是杠杆化最高的，面对房地产业风险的暴露也是最大的，同时他们几乎没有金融资产。由于低收入者的高杠杆、资产集中在房产、缺乏金融资产等因素，经济衰退对他们来说更加难过。

2. 企业负债

相对于居民的负债，企业的负债多用于投资性支出或经营周转。

例如，查尔斯打算开一家快餐店，借钱用于装修、购买厨具等等，这些支出的还款来源是餐厅未来的销售收入。负债对应到有营业收入的资产，债务合约的保障性更高。企业生产性债务是相对健康的，有助于支撑实体经济。

我们观测，企业资产负债表与居民资产负债表都是相连的。居民资产负债表出现问题，同样会导致企业债务危机。

企业依据历史的销售收入及利润进行下一期决策，企业没有考虑到居民是通过加杠杆的方式实现提前支出，从而实现了社会的总体的支出水平。人们透支了自己未来的人力资本价值去换取消费品或购买房屋，不但现在的钱花完了，未来的钱也花出去了。通常市场没有充分考虑到居民的负债能力是有限的，因此，居民缩减支出会导致企业营收下降，同样可能导致企业破产。

3. 政府负债

政府负债，顾名思义，是指一国政府在国内外募集的资金，政府对其负有偿还责任。

政府负债的用途包括筹集建设资金、弥补财政赤字等，募集到的资金可用于行政事务性支出，也会用于"刺激"经济进行的项目建设，例如铁路、水利等传统基础设施建设，也有5G和充电桩等新型基础设施建设。

政府负债，政府充当债务人，社会企业与居民充当债权人。政府将获得债务收入进行建设支出，在形成资本的同时，又再次形成了社会的收入，积极激发经济活力。

近几十年来，各国政府的负债率都在不断增长，截至 2022 年底，日本政府负债率 261%、希腊政府负债率 177%、美国政府负债率 121%，而政府负债率的国际警戒线为 120%。图 4.9 显示 2000—2020 年美国、英国、德国、日本政府债务占 GDP 的比例。

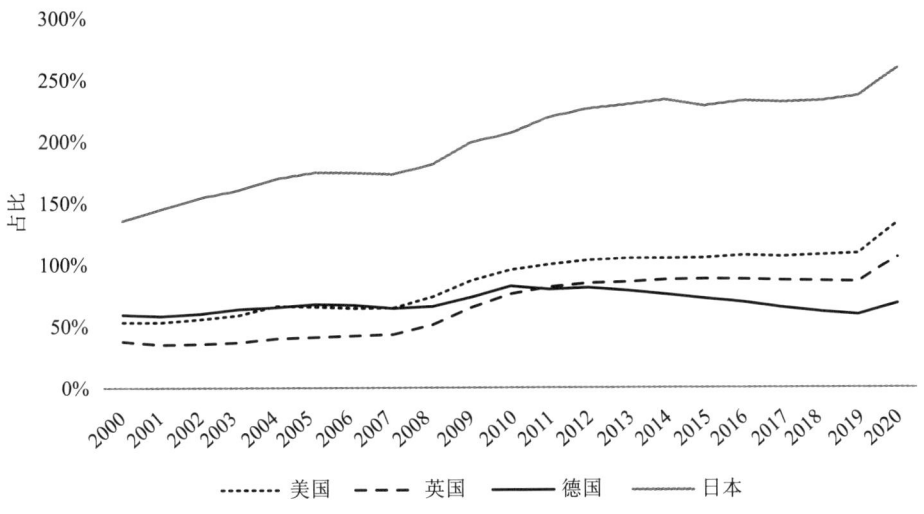

图 4.9　2000—2020 年美国、英国、德国、日本政府债务占 GDP 的比例

注：数据来源于 IMF 的 WEO 数据库。

我们需要看到，政府的负债能力也是有限的。我们来看两个例子：一个是日本的政府债务问题，另一个是 2009 年开始的欧债危机。

日本是典型的财政刺激为主的国家，政府负债率排名世界第一，政府负债占 GDP 的比重超过 250%，低迷的经济增长和沉重的社会保障负担让日本的负债率持续上升。

日本政府的高负债源于 20 世纪 80 年代，当时美国为了解决自身的财政危机以及巨额贸易赤字问题，希望通过美元贬值来增加产品的出口，改善贸易收入。1985 年，在美国的主导及施压下，美国与日本

经济问题的本质

如何走出困境

等 5 个国家签订《广场协议》，协议要求各国通过政府干预外汇市场，让美元相对于其他主要货币贬值。这造成日元大幅升值，日本制造业出口竞争优势明显回落，制造业出口竞争力指数由 1986 年的 0.48 持续回落至 1998 年的 0.27。

日本人一开始还没有意识到问题的严重性，完全没有考虑到日元升值的后果，日本人开始在全球范围内大肆收购资产，包括高档房地产、豪华酒店等，一片欢腾。

但不久之后，日元升值导致制造业出口受阻，日本的制造业神话终结；国内在信贷刺激下产生了人类历史上最大的房地产泡沫。90 年代开始，企业、居民资产大幅缩水，造成了资产负债表崩坏，日本不得已开始采取货币政策与财政政策共同驱动的经济复苏计划，断断续续的财政刺激持续了 30 年，并造成现在的局面。

2022 年末，日本政府负债达到 1270 万亿日元，较上年度增加 29 万亿日元，连续 7 年刷新纪录，相当于自身 GDP 的 2.6 倍，日本政府不得不通过发行新债券偿还到期债券，并延长债务期限。

类似于酒精依赖，日本对于"政府负债刺激"产生了依赖，且产生了大量的利息支出，日本政府债务的利息支出占比财政总支出超过 20%。但也有观点认为，日本央行持有了大量的政府债券，因此利息一半支付给了央行，还在一个锅里，实际的利息压力并没有数字显示的那么大。

在一个经济体中，当个人、企业不愿意负债时，必须是政府负债，政府负债具备非常积极的正面作用，然而也面临一些问题。**当社会部门认为自己躺在货币利息上就可以生活时，就没有动力去从事生产工作了，压力不但到了政府这边，对于整体经济生产也会有影响。**

关于欧债危机。欧洲债务危机的源头是希腊财政危机，正是希腊政府的财务问题引发了欧洲债务市场上一系列的连锁反应。

希腊经济增长主要靠房地产和旅游业，实力一般。次贷危机后，世界各国出游人数大幅减少，对希腊造成很大冲击，但政府的民生支出不降反增。2009 年希腊政府财政赤字达到国内生产总值的 12.7%，是标准财政赤字率 3% 的 4 倍以上。

希腊债务危机有一定的特殊性，有点类似外债危机。1999 年欧盟国家开始使用欧元的时候，加入欧元区的国家丧失了货币自主权。**也就是说，希腊丧失了财政赤字货币化的能力，无法通过直接"印钞"，将债务矛盾向全社会转嫁，只能不断积累债务规模。**金融危机爆发后，欧盟的救助决策过程太慢，导致危机蔓延，且欧债危机还包含了复杂的地缘政治博弈（当时的美国经济也处于艰难复苏的阶段，美国与欧洲之间存在着金融利益博弈）。

在当下，各国政府通过负债，解决的是人们对于"名义货币"的渴望。需求不足，根本上是由于人们留存货币带来的效用要高于消费的效用，也就是说人们获取更多的"钱"的驱动力要大于消费的驱动力，这也导致企业投资收益率不足。人们趋于保存自己的收入，这导致整体支出不足。政府负债支出，是人为地推动经济支出循环。

政府主动负债，往往是出于刺激宏观经济或拯救宏观经济的考量。政府债务要合理适度，因为这个额度基本上只能温和上升，尽管可以通过置换等方式缓解本金的偿还压力，但规模过于庞大就会带来巨额的利息支付负担。

总之，需要平衡好经济刺激与债务可持续性之间的关系。

3.2.3　债务投向

我们再次强调债务的积极作用，它激发了人们创造与拼搏的精神，同时也推动了技术进步与经济增长。这些债务带来的货币，就像是比赛设置的"奖品"，让人们铆足劲儿竞相追逐。

经济问题的本质

如何走出困境

信贷投向至关重要，也就是说社会信用创造的购买力用到了什么地方，是重中之重，不但会影响债务合约的健康程度，也会影响整体经济的健康程度。我们将债务的用途分为三类，分别是投资、消费、投机。

1. 债务用于投资

形成借款人的资本或生产资料，这是债务相对最健康的投向。

投资增加了借款人的实物资本（用于商品生产），增加了未来的潜在收入，因为产生收入的来源基本上只有两种：人力资本与实物资本（技术因素纳入资本中统筹考虑）。如果你是高级技术人员或是包租婆，则你能够通过自身的知识或房屋获取充足的收入。如果借款不用来投资形成实物或人力资本，则是在透支自己未来的收入，存在使财富进一步两极分化的可能。

债务借用的购买力，需要在未来偿还，关注现在的购买力能否形成未来的还款能力是关键。债务用于投资，具体来看，即投向工厂及设备、房地产等经营性资产，以及投向人力资本培育及科技研发等方面。

债务用于生产性设施的投资，例如新能源汽车的超级工厂，其债务资金用于厂房、冲压装置、动力系统组装等设备建设，资金使用后，工厂多了一份能够生产电动汽车的资产，汽车销售后获取的销售收入用于债务还款。

债务用于公益性项目或准公益性项目的投资，例如政府河道整治与环境治理，尽管项目自身的收益不足，但是项目建成后能够发挥正的外部性，提升区域的商业化水平及住房的价格，从而带动地价及税收等，此类项目关注综合平衡。

此外，值得关注的是房地产企业的投资贷款问题。房屋是人们的栖身之所，具有很大的价值量，也是投资的聚集地。

房地产商获得债务融资后，将购买沙石、钢材，上游企业获取收入后，其雇员会在早餐店购买小笼包、给娃买新衣服、缴纳贷款，货币流转到其他行业，其他行业的收入也会用来还房贷。债务融资的规模越大，注入到经济体的资金量越多，每次的货币流转都会造成一定的货币沉淀。

债务用于房地产投资，在投资完成之后，投资金额理应成为全社会的收入，人们用这些收入再去购买住房。然而，人们并没有获得充足的相应部分支出，反而需要继续通过借贷购买住房资产，说明货币的沉淀很大。房地产企业获得回款后归还贷款，形成了杠杆向居民转移。

问题在于，房地产投资债务，实际上一大部分最终转嫁到了家庭部门。开发商负债经营，当收到购房款后将会偿还一部分企业负债，而购房款依然来自于银行贷款，负债兜兜转转之后落到了家庭部门。

以现在的生产能力，一幢大楼很快就能够被盖起来，但是很多人就是得不到，这是因为你没有提供充足价值的能力去和控制地产供给的人进行交换，其实这里还涉及行业垄断的问题。

2. 债务用于消费

债务用于消费具有积极意义，消费是整个经济链条的最后一个环节，没有消费则生产活动难以获得回款。发达国家借助信用卡等方式扩大消费，2021 年美国居民负债占可支配收入的比例高达 102%，澳大利亚居民负债占可支配收入的比例更是高达 211%。

合理的消费信贷，有助于疏通经济循环通道，促成企业回款与就业。在一个人一生总收入的约束内，消费融资能够平滑人生不同阶段的消费水平，在某种情况下是有价值的，可以提高人们的愉悦程度。

当下，消费品很多时候是获得自尊与优越感的工具。社会中等收入或低收入群体渴望模仿高收入人群，希望获得名牌服饰及豪华汽车。

经济问题的本质
如何走出困境

　　消费信贷存在的主要问题是推高商品价格。债务也是形成价格体系的决定因素之一，当人们没有足够货币进行支出时，卖方没有能力涨价，而如果人们透支了一部分购买力，则会推动商品价格上涨，这使借款人处于不利地位。特别是在贫富差距加剧的情况下，人们可能过度举债，不顾未来收入前景的约束，盲目追求客观上难以承担的高额消费。他们要偿付的贷款压力非常之大，并减少未来可支配收入。债务扩张与贫富差距加剧在一定程度上互为因果。

　　简而言之，如果信贷为消费扩张融资，而未支持有效的资本投资，那么信贷所创造出的债务最终可能难以为继。所以，消费信贷需要合理适度，不能进行纵欲式的消费，也不能过度刺激低收入群体负债消费。

　　此外，居民背负的房地产贷款具有一定的特殊性。

　　房贷到底属于投资贷款还是消费贷款？其实它既具备"投资贷款"属性，也具备"消费贷款"属性。一栋房屋，房地产企业承担一部分债务，消费者承担一部分债务。**我们认为只有少数房屋具有投资属性，大部分房屋只是超长期消费品。**

　　而在非理性的房地产泡沫中，少数人低买高卖赚了很多钱，因此很多人认为房地产具有投资属性，而赚钱的人是建立在其他人负债买房的基础上的。对比农产品等高频率消费的市场，房地产消费期长、流动性差，因此价格难以有效，资产价格波动牵一发而动全身。

　　这里也有羊群效应的特点（社会心理），大家都被推销着贷款买房，害怕房价又涨，随大流地跟着买了，最后发现根本没有想象中值钱。

　　房地产市场价格上涨过快，有些人从中受益，而没有及时在高点出手，资产所有者终将承担损失；房价不断下跌，过度负债的家庭面临违约并设法去杠杆，从而抑制宏观经济增长。

3. 债务用于投机

投机是贪婪人性的体现。物理学家牛顿也是股票投机的爱好者之一，并在南海股票泡沫中亏了一大笔钱，他说："我可以测算出天体运行的轨迹，却无法计算人性的疯狂。"**不满于现状，又不愿意长期付出，希望投机致富，这或许是最常见的人性特点，不分年龄与国界。**

过度的债务是魔鬼，过度的债务用于投机则是魔鬼中的魔鬼。投机狂热往往发生在经济扩张阶段，大批的投资者，受到环境的影响，希望通过房地产或股票在短期获取大量的资本利得，造成短期的资产价格严重偏离实际价值。

随着资产价格的不断上涨，群体中会有更多的人开始变得疯狂。群体对个体的影响在于，当世界上其他人都发疯时，我们只能去效仿，不然我们就被看成了那个不正常的人。

现代监管已经抑制了比较明显的投机行为，但包装得很合规的金融产品或工具实难防范。它们实则是投机，就像美国过量发行的资产支持证券，其本身就是一种投机套利，刺激本不应该存在的金融行为，只为赚取手续费。

人类社会最主要的投机标的就是股票与房地产。1920 至 1929 年，美国人民购买股票的热情是高涨的，很多新成立的空壳公司股票依然有大量人购买，不少经济学家也是股市的支持者，欧文·费雪直到经济崩溃前一天还在向人们传递"股市是值得信任的"的理念。美国商业银行的贷款不仅仅用于企业投资，也用于股票等票据的投资，投资额占比贷款总额的40%，较高的投资比例反映了商业银行与证券承销和发行的紧密联系，商业银行在许多城市实际上变成了债券与股票的承销商与经纪商，贷款用于资本市场，这进一步加大了大萧条期间银行体系的脆弱性。

密西西比泡沫、南海泡沫、大萧条、次贷危机都存在着投机狂热的影子，巨型企业把利润中越来越多的部分用于股票投机而非生产投资。由于华尔街提供了比社会任何一种生产和投资更高的收益，人们都想通过股票获取收益，但短期来看股票基本上是零和博弈。总的来说，投机是用货币博取货币的盈利方式，类似赌博，不可能所有赌徒都赚钱。图4.10是一幅华尔街铜牛画作。

图4.10 华尔街铜牛

经济高涨时，越来越多的投资者希望通过房地产、股票等资产的升值获取资本利得，殊不知房地产、股票的上涨一定是买盘的作用，也就是说有人在不断买入这些资产，总有人愿意以更高价格接手，但买方的钱是哪来的呢？穿透看，是信贷创造的债务资金。所以当债务规模过大，无法通过再融资覆盖前一期债务的时候，就是资产泡沫破裂的时候。金融部门的实质违约的传染性极强，类似变异的病毒，在整个经济体中蔓延。

空转套利、零和博弈是投机的代名词。投机也不是一无是处，至少能够带来一定的市场流动性。

3.3　究竟什么是有效需求不足？

凯恩斯提出的有效需求不足到底是什么意思？

我们理解，"有效需求不足"就是"支出不足"，包含投资需求不足及消费需求不足（企业不投资、居民不消费的现象），或称为投资支出不足或消费支出不足，支出不足意味着商品交易频率变低。

有效需求（支出）不足的底层逻辑，就是"边际递减效应"。经济增长会伴随收益递减效应，从而影响经济的增长速度。

经济体中，新的固定资产投资的减少，或人们紧缩商品消费，都是减小支出的行为，会导致负向的乘数效应。经济人 A 获取收入 100 元，留存 20 元，支出 80 元，这本身就是一个负向的货币乘数。（个人支出与政府支出的乘数效用机理是一样的。）

问题在于留存货币（hoarding）与经济循环之间存在矛盾。留存货币意味着减小支出，产生了需求不足。

3.3.1　投资需求不足

马克思曾引用过这样一句话："资本家害怕没有利润或利润太少，就像自然界害怕真空一样。一旦有适当的利润，资本家就胆大起来。"

显而易见，经济投资需求不足（投资支出不足）的主要原因是预期利润率（expected rate of return）不足。经济体中投资无法获取足够的利润，甚至无法覆盖投入成本，亏本的生意肯定是缺乏动力的。货币政策的价格（利率）调控，本质上也是通过影响企业的融资成本，间接影响企业的利润率来调控整体的投资活动。

而导致预期利润率不足的因素主要有三个：

第一方面，货币（金融）与实体的匹配问题。如果经济体的整体

货币量不够充足，则会导致资金面收紧，企业无法获得充足的融资，社会无法形成充足的货币量，这就影响了企业本该有的营收水平；此外货币的结构、金融监管、金融服务等因素，同样会影响企业的预期利润率。

第二方面，技术周期问题。这个问题就是最根本的效用问题，商品缺乏创新、缺乏新技术的加持，导致商品新增"效用"较小，体现为人们对其的"价值"衡量较小，从而企业能够获得的收益较小。预期利润不足往往与技术周期有关，技术爆发往往带来更多的效用、利润及投资需求。

第三方面，社会的心理因素。社会的恐惧或悲观心态会激发人们的避险情绪，人们会留存更多收入以备不时之需，这就产生了社会上负向的乘数效应。我们举例说明投资支出不足的负向乘数作用。1929至1933年，汽车行业投资缩减，生产减少了60%以上，一个行业的萎缩会导致另一个行业萎缩，这导致钢铁需求同步下降，进而造成铁矿石和煤炭需求下降。同样的，大萧条期间私营企业在建筑业投放的实际投资下降了75%，这导致了对砖块、砂浆、铁钉、原木和任何一种可能用于建筑的原材料的需求下降，成百上千的失业工人由于找不到新的工作或者无法获得社会资助，在纽约、华盛顿、旧金山等城市展开了大游行，失业的人没有足够的收入，这又会反向影响企业的营收。

为何技术会带来经济增长？底层因素是技术带来了"效用"，技术带来了"价值"，提升商品的消费愉悦感。例如，由于蒸汽机大规模使用，铁路蓬勃发展，人们认为能够快速到达另一个城市是非常愉悦的，价值驱动投资，投资驱动经济。在1830年，利物浦至曼彻斯特的铁路开通，在之后的10年里，英国共铺设3200公里铁路线，平均每年铺设超过300公里，这些铁路采用的几乎都是蒸汽动力，主要用途则集中在客运方面。同样，信息技术时代的半导体、计算机、互联网等技术都是驱动投资增加的实际因素。

技术进步也不是完全没有副作用，它可能影响就业，并缩减生产成本。大家都会认为成本降低是好事情，但是随着商品更加轻而易举就能得到，人们满足的要求随之被提高（得到了就不珍惜），企业在经历短暂的收益增长后，如果没有持续的更新，利润率不足就可能会发生，导致投资缩减。

3.3.2 消费需求不足

消费可以消化投资，是经济循环的闭环。投资与消费均为经济循环"圈"的组成部分，能够相互促进，也会相互影响。总之，消费是形成经济量的必经之路。图 4.11 显示投资与消费的循环关系。

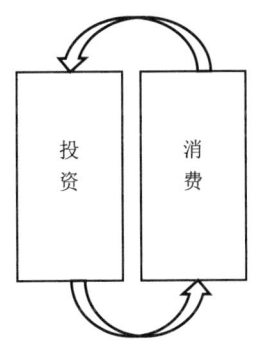

图 4.11 投资消费循环关系

有学者观测到，大萧条之所以如此严重，就在于消费自主支出持续大幅下降，1930 年的消费下降"真的是自发的"，且下降幅度很大。消费有效需求不足的原因同样有三个方面：一是可支配收入下滑；二是商品效用不足；三是非理性因素。可以发现，这三点与投资需求不足息息相关。

第一点，收入不足会导致支出不足。不用过多解释，有充足的收入才有能力消费，当人们的工资水平下降甚至是失业，则消费支出必然不足。投资支出不足会导致社会收入不足，这就是投资不足与消费不足的联系之一。

人们收入增加的时候，消费也随之增加，但也会留存一部分货币。富人的边际消费倾向通常低于穷人的边际消费倾向，这是因为穷人的消费是最基本的消费。穷人之所以穷，是因为在穷人的收入中基本生活资料占了相当大的比重；而富人之所以富，在于富人早已超越了基本需求层次，基本生活资料在其收入中所占比例不大。

收入不仅仅包含当期收入，还包含长期预期收入。人们对未来收入的预期对边际消费倾向影响甚大。边际消费倾向的降低，使得萧条更为萧条。当房价上涨时，人们会感觉自己变得更富裕了，因此提高了消费支出；而当房价下降时，人们同样会认为自己财富缩水，而且此时负债越多的家庭相应减少的支出也会更多。

第二点，商品带来的效用不足。也就是购买商品无法获得充足的愉悦感，这是导致消费需求不足的主要原因之一。人们看似购买的是实物商品，其实是购买的抽象效用。效用这个概念可以追溯到边沁（Jeremy Bentham）的功利主义哲学。奥地利学派认为，商品的价值最终由消费者在使用时获得的主观效用大小来决定；瓦尔拉斯等经济学家把它发展成"边际效用递减理论"，也就是说随着消费相同商品的数量增加，其效用是递减的，这是产生消费需求不足的根本原因之一。

理论 15 商品的效用、价值、单位价格这三者在某种程度上来说，是一回事。

经济人在分工生产后，能够发生交换的前提是自身生产的商品能够为其他人带来效用。也就是说所有经济人作为消费者，都会主观去衡量其他商品的单位价格效用，即 U/P，U 代表效用（utility），P 代表价格（price）。归根到底，企业提供的不仅是商品，更是彼此带来的效用（价值）。人们在大脑中锚定了一定的货币换取一定的效用。

企业获得的营业收入背后是为购买者提供了效用，只有一个商品的 $\Delta U/\Delta P$ 大于或等于消费者目前的边际货币支出带来的效用，人们才会购买它。U/P 是经济人对于商品的主观评价，主观的东西具有不确定性，在时间空间发生变化时很容易发生变化。由于技术等原因，商品的 U/P 下降会导致商品的需求降低，影响企业营业收入，进而可能影响金融体系。

商品带来的效用在动态变化，因为这是人们的主观评价。人们支出货币，或者为一个商品愿意支付的货币，是基于单位货币带来的主观效用做出的判断。我们在上文说过，经济人不但有消费带来的效用，还有财富的比较效用，即货币本身就具有效用，即 $U = f(X, 1/N, L)$，X 为一系列消费品，$1/N$ 代表其净收入占比，L 代表闲暇。货币本身也具有效用，当商品带来的效用小于留存货币的效用，就会发生消费需求不足现象。

当商品给经济人带来的效用减小时，人们很容易趋于减少支出，这时候财富的比较效用要高于消费商品带来的效用，市场整体需求不足。当单位货币效用与上一期比明显减小时，则人们在一个时间段内具有缩减支出的倾向，但时间一长，人们会逐渐淡化对之前的单位货币效用的锚值的记忆，因为这是一个主观抽象的感觉。

毋庸置疑，新技术带来新效用、带来新鲜感，当产品迭代的技术发展趋缓，内需就会不足，从某种角度说，消费需求不足就是"喜新厌旧"。消费需求不足是自然而然发生的，商品在某个阶段效用下降是客观现象，就比如随身听、CD 机、胶卷由于效用萎缩，基本上很难在市面上见到，而这也是熊彼特说的创造性毁灭，他说资本主义的繁荣源于不断的创新，我们理解商品必须通过不断的技术提升，维持、提高自身效用，也就是价值水平，才能够促进经济繁荣。**在理论上，从数学极限角度出发，新产品在开始的时刻，其效用是无限大的。**

技术也存在两面性。技术会低成本地满足人们的基本需求，导致经济整体支出不足。比如成本越来越低的手机及电视，非常耐用，这部分需求被很好地满足，从而导致了新增的需求不足。

西方银行基于逐利行为，为引导民众的支出，将信贷带入了消费品和房地产市场，一个前所未有的情况出现了，你可能背负着巨额负债，与此同时，仍有人希望能够获取更多收入，而除了通过背负更多的负债，还怎么实现呢？

第三点，也就是情绪的作用。人们在不同的情绪中，其支出行为是有差异的，恐慌会导致支出不足。个体会存在情绪周期，同样，群体也有情绪周期，也会有所谓的群体情绪低潮，甚至群体抑郁。回顾日本的"丧"文化问题，持有悲观情绪的仍不在少数。

经济驱动力的丧失，有一部分因素是这是一种自然而然的现象，经济体群体不可能形成绷成一条线的内在驱动，也会存在休息与调整，呈现周期的形态。

四、现代宏观经济面临的问题

财富分化会导致严重的社会问题。历史上的战乱，起因不少是经济上分配不公，下层民众的生存空间被不停挤占。例如法国大革命、大泽乡陈胜吴广起义、清朝末年的太平天国等，就是以经济矛盾为主的社会矛盾激化爆发出来的战乱。

4.1 难以提升的社会福利

现在各国普遍出现的经济问题，其中一半是社会心理问题。

"不满足"是很多人的心理状态，有钱赚，大家都开心，问题是没有钱，甚至是"钱"消失了，加上互联网时代信息快速传播，网友的"财富"水平，更加激发了人们的焦虑感。

当下，在生产力大幅提升的今天，经济的主要矛盾点是宏观经济难以进行帕累托改进（Pareto Improvement），而不是说没有提升整体福利的空间。整体与个体总有矛盾，当改革要牺牲一部分人利益时总会遇到阻力。

总体来说，主要问题有两点：第一点是难以组织协调做大做好蛋糕，各方利益难以协调；第二点是围绕着分配，谁都不愿意让自己的利益受损，即使是绝对经济值全部都增长的状况下，也很难进行帕累托调整，因为还要考虑相对的财富水平（相对收入等因素），也就是说宁愿自己不增长，也不能看到其他人增长得更快。

为了解决"难以提升的社会福利"问题，更为了满足各方的愿望，信贷成为"不得已而为之"的手段，一部分人获得了消费品，一部分人得到了更多的货币。

经济政策并没有好坏之分，如果没有信贷的推动，很难出现"兴奋"与"繁荣"。有人会指责过度的信贷及债务，然而事实情况是，适宜的信贷增长并没有明确的定义，谁也不知道边界在哪。

全球经济越来越依赖信贷来创造经济活动，2000 年至 2020 年期间，全球债务总额从 87 万亿美元增长到 142 万亿美元。我们观察到，在债务增长阶段，经济往往是充满活力的。例如 2000 年后美国的信贷宽松政策实行期间，尽管债务增长，房地产非理性繁荣，美国却实现

经济问题的本质

如何走出困境

了低通胀与经济增长。这说明了当下经济的问题，也就是生产力是相对充足的，但是社会仍难以进行帕累托改进，除非借助债务关系。有一部分的"产能过剩"并不是真的过剩，可能是信息不对称、财富的不平等，导致无法将这部分"过剩产能"转化为社会福利，也可能是社会情绪导致的需求收缩。

也就是说，交易难以发生，是因为低收入者难以提供给其他部分人异质的价值，他们需要的就是低收入者透支的未来的货币（所以债务合约实现了帕累托改进，尽管是不可持续的）。借贷消费（包含房产购买），让低收入者获得商品消费带来的满足感，而让高收入者获得更多货币的快感（更多的财富权）。

在生产力空前发展的今天，至少在部分国家，产能不足已经不是现在经济的主要矛盾了。当今人们的生产能力是让人吃惊的，一幢大楼在一年内可以完成，新能源汽车工厂几分钟可组装一辆汽车，当下的问题聚焦在"分配"，难以协调一致是抑制经济发展和福利水平的关键。

难以进行整体福利提升，还有一个重要原因，就是相对财富权利（个人财富在总财富中的占比）变化。如果说经济交易让所有人的绝对增量都有所提高，但相对财富有变化，可能经济交易也不会发生。因此，经济关系还存在财富权利争夺，财富权是社会的主要权利之一，这种权利的争夺是对于货币、高流动资产、稀缺资产的争夺。

财富权利带来的快感，甚至要大于商品的消费效用。

任何人都不想主动遭受损失，当经济矛盾无法协调，实在是无法达成一致了，人们只能发动战争。面对经济上的不一致，战争可能是重新分配财富的最后手段。

4.2　天然的两极分化趋势

放任经济不平等地自由发展，会导致严重的社会问题，就像 1789 年的法国大革命，在民众生活如此困苦的情况下，路易十六还要继续增加税收，延续"拔最多的鹅毛，听最少的鹅叫"。

4.2.1　财富不平等的现状

财富分化是经济永恒的话题，社会创造的财富难以合理分配到不同的社会群体。皮凯蒂在《21 世纪资本论》中指出，2011 年在法国，最富裕的 10% 人口占有总财富的 62%，而最贫穷的 50% 人口只占有 4%。次贷危机前一年，也就是 2007 年，美国社会最上层的 0.1% 的家庭所拥有的收入是社会底层 90% 家庭平均收入的 220 倍。美国政治家桑德斯在《我们的革命》一书中指出，当今美国的贫困率为 13.5%，高于 20 世纪 60 年代。

根据《2022 年世界不平等报告》，全球的不平等程度仍在加深。从收入看，全球收入前 10% 的人每年平均收入约为 12 万美元，占比全球收入的 52%，而全球收入后 50% 的人每年平均收入为 3920 美元，占比全球收入的 8%。从财富分配看，前 1% 的人获得了从 1990 年以来所有财富增长的 38%，而底层 50% 的人只拿走了 2%。

诺贝尔经济学奖获得者斯蒂格利茨说："美国经济存在着日益加剧的不平等，这使美国社会稳定和经济的可持续性都受到了挑战，富人愈富，穷人愈穷，穷人背负着难以承受的经济压力。"他认为在 2008 年次贷危机前的几十年，美国的不平等一直在加剧，次贷危机导致的经济衰退让这种不平等更加明显，债务问题进一步拉大贫富差距。次贷危机导致房屋价值减少了 5.5 万亿美元，这个数字是巨大的，特别是考虑到当时美国经济的产值也才约为 14 万亿美元，房地产资产泡沫破裂放大了财富不平等，因为低净值家庭承担了大部分损失。

穷人的债务就是富人的资产。金融体系借贷给低收入者，低收入者的支出成为高收入者的货币财富，债务的使用和财富的不平等是紧密相连的，穷人发现自己的货币净值不仅仅可以为零，还可以为负值。

4.2.2　收入差距的原因

收入差距主要由两个原因造成，一是劳动收入的不平等；二是资本收入的不平等。而这正是财富所有权、资本所有权、技术所有权过度集中的后果。

抛去复杂的经济现象，可以说，人们都是通过给予社会价值获取收入，也就是说经济交换双方，对于对手都是有价值的，才有经济交换，有交换才能形成 GDP。然而，如果资本和技术集中在少数人手里，那么经济双方中的一方，可能无法提供任何能够满足对方的商品，因此，经济交换不会发生。

当然还存在制度性的原因，斯蒂格利茨认为："当一个利益集团拥有太多权力时，它就能成功制定有利于自己的政策，而不是有益于全社会的政策。当那些最有钱的人通过手中的政治权力过分地施惠于他们所控制的企业，国家收入就被转入少数人的口袋，社会未在最大范围内受益。"

我们粗浅地认为，劳动收入与资本收入失衡的原因如下：

第一点，经济天然会两极分化。经济往往带有"马太效应"。马太效应是社会学家和经济学家们常用的术语，《马太福音》里说道："凡有的，还要加倍给他，叫他更多。没有的，连他所有的也要夺过来。"它反映富的更富、穷的更穷、赢者通吃。两极分化是竞争中天然产生的，绝对的平均主义不太合适，但经济体的政策应该给予人们培育自己人力资本的机会，努力创造公平公正的上升通道。

罗伯特·默顿（Robert K. Merton）用马太效应概括一种社会心理现象："相对于那些不知名的研究者，声名显赫的科学家通常得到更多的声望。即使他们的成就是相似的，在一个项目上，声誉通常给予那些已经出名的研究者。"这放在影视界也同样适用，人们会把关注给到熟悉的演员，尽管可能还存在很多优秀的演员，但是已经获得名声的演员，其优势很大，还有自我加强的作用。

这涉及到先发优势或后发劣势，当年杨小凯有一篇深刻的文章，解释了后发劣势，也从一个角度解释了两极分化的原因。

第二点，自控力及认知水平。不同的经济人的自制能力、认知水平是不一样的。拥有一定的财富积累的人们，会拥有很多的优势，比如更加优质的教育、更加丰富的信息接收渠道，甚至是更加优质的食物。富有阶层不消费，以积累财富为主要目的，因此，经济难以增长是肯定的；而自控能力差的人，借贷消费，财富差距越来越大。富裕阶层具备提供更多价值的可能，获取更多货币，更知道人性和人的需求点。

第三点，债务显著地放大了财富分配的不平等。债务并没有帮助人们分担与房屋所有权相关的风险，而是将风险集中到社会上风险承担能力最低的人群身上。

房价一旦下跌，便毁掉了负债购房者的净值，进而带来灾难性的后果，他们支出受限。债务在初期阶段让各方都受益，但是我们观察到，债务也成为社会经济增长两极分化的燃料。

收入低的人，是没有足够的价值与他人进行交换的，信贷透支未来，而且让他们的情况进一步恶化。而高收入的人也会受到影响，他们的收入也来自于其他人的支出，而其他人的支出依赖于收入。而富人是无所谓的，他们更需要比较财富效用，他们已经获取了极大的满足。帕累托改进难以进行，学者把这种情况归结于产能过剩，其实是不平等阻碍了生产力释放。

第四点，资本的收益率高于经济增长率是产生贫富差距的原因之一。这是皮凯蒂在《21 世纪资本论》中的观点，即 $r > g$，r 代表资本收益率，g 代表经济增长率，资本所有权的分化导致贫富分化。拥有产生收入的资本所有权，可以轻松获取足额的收入。

有学者指出，美国的两极分化，使它的社会结构和经济的可持续性都受到了挑战，富人变得越富，而其他人却面临着与美国梦不相称的困苦。

4.2.3 不平等的经济后果

抛开道德与政治因素不谈，财富不平等会带来严重的经济后果。

当钱都集中到社会上层群体那里时，普通美国人的支出就受限了，贫富差距让社会帕累托改进难以继续，除非有人刻意干预。

理论 16 高收入者的边际支出率要明显低于低收入者的边际支出率，整体支出不足导致经济循环的弱化。且低收入者往往具有较少的实物资本与人力资本，需要将大量精力放到维持生存上，在未来难以创造更多价值（换取收入），分化导致矛盾爆发。

如果少数玩家在游戏中赢走了大多数筹码，游戏就难以再进行下去。

财富分化会不会影响经济？当然会。当少量人拥有大量财富，财富可以通过各种手段变为资本；然而拥有少量财富的人仅仅有人力资本，人力资本本身就具有高度同质性，如果他的年纪比较大、知识水平较低，则人力资本就会匮乏。社会财富结构的两极化将会影响社会的消费支出，而居民支出是企业的营业收入来源，是偿还借款的来源，从这个方面来看，贫富差距过大对于整体经济是有害的。

收入是下一期的支出，当期大部分经济人的收入占比低，必然影响后续的经济循环，所谓的经济增长难以实现。

所以，不平等会导致较低的生产效率及经济增长率。经济不单单由产能决定，还与财富所有权分配、技术所有权分配有关。

市场经济中，GDP 的产生一定要通过交换或交易才能实现。如果一个贫穷的人，既无实物资本又无人力资本，他能够用什么交换给他人换取收入？没有交换就没有 GDP。

财富结构的失衡将有害于市场交换，低收入群体将逐渐丧失支付能力，根据有效需求理论，人们的支出与其收入是成正比的，而经济人的支出是形成收入的关键，这说明财富两极化程度与商品流通速度呈反比。此外，低收入群体难以受到良好的教育、医疗，这导致他们提供有竞争力人力资本的能力减弱，也就是说被他人需要的程度越来越低。

古典经济学认为，在商品流通中，资本家逐渐攫取大部分资本，工人将没有足够的消费能力，资本主义生产和消费之间的比例失调，经济危机就存在发生的可能。

财富分化会助推"危机"，大萧条及次贷危机前都伴随着收入水平的严重分化。

在 1929 年大萧条之前，美国社会收入分配恶化程度也达到了最高峰。1928 年美国最富 1% 家庭收入占总收入比例近 25%，而这一比例在 1918 年约为 15%，最富 10% 家庭收入占总收入的比例在 1928 年接近 50%。从财富值看，财富排名前 1% 的人口在 1922 年拥有 40% 的社会总财富，在 1929 年这一数据提高到 48%。这种强者恒强或阶层固化可以理解为，财富相对充裕的人群，能够进一步提升自己创造价值的

经济问题的本质

如何走出困境

能力，而低收入者疲于奔命，难以从思维层面进行价值创造，我们理解提供价值与获得收入基本上是一回事。另外，高收入者往往有着更好的自律能力，能够减少消费而积累资本。

次贷危机后，美国存在的情况是：一边是空置的住房，另一边是无家可归的人。因为无家可归的人无法提供价值去换取住房，当然这里面既有不可控的因素，也有垄断等不平等因素。

忍无可忍的美国低收入群体，在 2011 年开始了"占领华尔街"运动，随后在波士顿、亚特兰大、丹佛都出现类似活动。其中许多人失去住房和工作，他们看到华尔街的金融大鳄依旧赚得盆满钵满，这让他们十分恼火。警察以暴力手段清除了奥克兰市中心的示威者营地，但值得注意的是，有些警察还是表达了对示威者的支持。

到了 2012 年，自次贷危机爆发以来失去住房的家庭已经达到了 800 万，还有 400 万家庭面临失去住房的危险。造成人们走上街头抗议的原因正是人们对经济体制和政治体制的不公平感，而不是其他什么东西。

经济的矛盾在于分配不均，而重新分配就会引发激烈的对抗，不患贫而患不公，不公平会使人们心生愤怒。那些属于 1% 群体的人攫取了社会财富，留给那些属于 99% 群体的人的只有焦虑和不安。有些人在经济增长中获利颇丰，有些人只获得了安慰奖。在某种意义上，今天美国经济衰退的原因可以归咎于极端的不平等，事实证明涓滴经济学（Trickle-down Economics）并不起作用。

西方涓滴经济学认为，让上层群体拥有更多的钱会有益于每一个人，部分原因是上层群体的支出会惠及整体经济。总之，人们总是站在自己的利益角度思考问题。

五、总结

量子基金创始人之一吉姆·罗杰斯认为："经济危机不断地侵扰世界，没人能够阻止，即便再聪明的人也不行。"这说明了经济问题的复杂性，以及经济刺激与风险防范之间艰难的平衡。比如，就算是强大的美国，也在 2000 年遭受了恐怖主义袭击及互联网泡沫的影响，后来不但遭受了次贷危机，还出现了"占领华尔街"等抗议活动。

前文详细描绘了经济问题发生的逻辑框架，我们总结，任何的因素，例如债务危机、内需不足等，最终都是通过弱化支出的方式影响经济的。支出的缩减，直接造成经济循环速度变小，反映为一段时间内的产出下降，通常衡量标准是一年的 GDP 水平。

1929 年的大萧条表明，货币和金融没有良好地匹配经济产出，没有顺应生产力的发展，货币增长不足及股票泡沫，导致了通货紧缩及银行危机、企业破产，最终赖以生存的市场"价格体系"崩坏了。这个体系是指导生产和分配的核心，没有有效的价格体系，企业不知道该生产什么，生产多少，居民会面临失业，萧条的危害不断自我加剧。

关于 2008 年次贷危机，其实质是信贷刺激房地产，加上金融衍生品泛滥导致的金融体系紊乱、崩坏。大萧条和 2008 年的次贷危机有一些区别，大萧条更像是一个婴儿在免疫系统没有完善的时候生了一场大病，死里逃生，当时潜在 GDP 增速是非常高的，而实际GDP 却低得可怜，大萧条的经济产出是远远低于实现所谓均衡时的总需求的；而后来的次贷危机，美国潜在 GDP 增速本身就不高，GDP 缺口也不大，主要是因为内需不足，过度使用信贷透支未来而产生的危机。

　　从 20 世纪 90 年代的日本，再到 2008 年的美国及欧洲，结果显示，经济难以快速地、自发地回到正常的水平，当经济出现问题后，一个正常的价值评判体系、价格体系迟迟无法建立。

第五部分　如何走出泥沼？

　　经济交易关系的修复，是走出经济困境的关键。修复经济交易关系也就是使经济重新自发开展适宜的投资与消费，实现商品生产与交换的正常循环。

从 1929 年的美国大萧条，到 2008 年的全球金融海啸，我们发现西方经济和金融着实不是一个稳态，实现健康平稳的经济并不是容易的事情，需要不断地调整方向与结构。

看似完美的理论或策略，在实践中，会面临各种意想不到的问题，就算是诸葛卧龙先生的锦囊妙计，最终也未能实现"北伐战略"的目标。理论和现实往往存在差距，而且我们还没有考虑现实中的欺诈、腐败、行政成本、操作成本、激励措施等繁杂的问题。

"以史为镜，可以知兴替。"人们从历史中不断总结经验，尤其是惨痛的经验教训，能够修正人类的前进方向。当智人掌握火的规律，就会用它烤肉或驱赶猛兽；当亚历山大·弗莱明发现青霉素能够杀灭细菌，就会利用它的这一特性大幅减少人们受伤感染的风险；我们如果能够掌握经济问题的一般规律，也能够利用它来减小危机事件带来的负面影响。我们也应该充分吸取经济危机的经验教训，丘吉尔说："不要浪费一场好的危机，只有认真地分析危机的起因、传播及后果，并在此基础上调整规则、改变行为，才有可能避免危机重演。只有不停地反思，才有可能持续进步，不然只能永远在原地打转。"

归根结底，经济危机的底层逻辑是一致的、规律是唯一的。经济的底层逻辑仍然是生产（投资）、交换（商品交易）、消费的过程。经济危机的底层逻辑则是在这三个环节中出了一些问题，导致商品交易无法形成闭环。变化的总是表象，不用被冗长的数据或复杂的模型等表象所迷惑，所谓的经济危机、通货膨胀危机、货币危机、银行危机或债务危机等，都是通过扭曲正常的商品生产或交易关系，造成支出水平大幅下降，进而产生经济紊乱、衰退。

我们汲取了众多学者的研究思想，认为经济治理既要借鉴凯恩斯的"有效投资"，也需要吸收奥地利学派的市场"自我恢复"理论，也就是说经济肌体出了问题，既要用对药，用对剂量，也要依靠自身的免疫系统。

经济衰退，永远不会单单只是经济问题，修复经济交易关系，需要修复社会心理，需要通过有效投资带动合理的预期收益率，需要建立一个更加完善的金融体系。总之，要在整个社会环境中综合考虑经济问题，而不是头痛医头，脚痛医脚；需要加强社会治理及心理治理，合理运用货币政策、财政政策推动经济活动；还要发挥行政调动作用，组建新型经济组织，开拓思路去吸纳失业人员。

一、修复"交易关系"
是经济治理的核心

修复交易关系，是恢复支出水平的关键。

我们总结，有四个指标可以衡量经济的风险程度，分别是：

①宏观杠杆率水平。比如：居民及企业债务率等债务指标。居民债务率为何可以参考作为风险指标？因为居民是买盘的最终力量，买盘枯竭，商品市场、股票市场及房地产市场都会丧失活力。

②财富分化水平。正如前文分析的，过大的财富分化导致经济整体支出不足。

③新技术的发展速度（可用于商业产品的技术）。新的技术带来价值及效用，是增长的源泉。

④货币总量及结构。衡量金融与经济的匹配程度。

我们可以避免严重的经济问题及伤害吗？我想，完美地熨平所有经济波动是不现实的，但我们可以在一定程度上避免经济灾难，减轻经济问题带来的损害。

经济危机有自我加强的效应,我们需要恢复商品的交易关系,来抑制经济不断自我恶化的趋势。让生产出来的商品交换起来,才能形成 GDP。我们要理解,经济的本质属性之一是循环,没有商品循环,则经济活动难以发生。观察货币数量公式:

$$MV = PY$$

经济循环速度与货币流通速度 V 息息相关,如果货币量和货币周转速度减小,就会导致名义产出的缩减,货币转动的背后就是商品交换的速度。

我们观察历次危机,最致命的是"经济交易关系扭曲"导致商品无法交换(货币流通速度 V 减小),商品需要通过交换才能形成 GDP。

比如次贷危机中,房地产资产价格扭曲并造成外部污染,其他商品的价格有效性也受到影响,同时借贷关系锁定了借款人名义支出额度,资产价格下降造成资不抵债,债务合约难以履行,最终是金融体系的紊乱导致经济混乱。金融资产的价格体系以及社会经济的价格体系已经扭曲,社会各方的资产负债表受损,"经济循环"与"支出循环"开始弱化。一个有效的价格体系是极其重要的,它是抽象的金融基础设施,所有的商品流转或企业融资,都需要通过价格网络开展。

综上,修复经济交易关系是从最底层解决经济问题的核心。

让经济回到所谓的均衡点,也就是商品交易的周转速度恢复到正常水平。修复经济交易关系可以围绕着三个方面:一是稳定群体情绪,加强预期调节。低落的情绪会产生很多负面的行为,避险情绪会导致社会整体支出不足,因此在经济疲软时要提振信心。二是引导投资支出与消费支出良性循环。投资与消费循环是实体经济的基本形态。三是强化金融稳定及有效性。目前的经济问题往往来自于金融部门的结构问题。

经济调节的特征体现为复杂性、两面性、长期性。不同区域及不同历史时间段的经济问题，都具有一定的特殊性，应采取不同的对策。比如，北美有些地区居民的特点是过度消费，会不断加剧社会财富分化水平，而日本居民则具有偏爱储蓄的保守性格，则容易引发通缩。不同地区的经济问题治理也不能生搬硬套。

无论是财政政策、货币政策、产业政策，其最终目的是促进投资支出与消费支出的良性循环，并不是说只要"加大投资"或"货币刺激"就一定有效，就一定能解决经济问题。我们认为"投资水平""货币调节"与"修复经济交易关系"之间是间接的关系，修复经济还需要修复社会价值体系、价格体系、财富分配水平、社会信心等等，并以此促进经济活动。修复经济交易关系不仅在于宏观政策的统一协调，更在于微观区域、项目的具体操作。

二、心理治理

"所有经济体，都始于人、终于人。"——卡尔·门格尔

首先，你要明白，你不可能完美地解决所有经济问题。因为经济问题与心理问题紧密相连，大家已经混淆了两者的概念。无论经济多么发达的经济体，都会面临经济问题，无论看似多么健康的人，都会存在一定的心理问题。想要理解经济如何运行，并促进经济繁荣，我们需要认清重大经济事件背后的心理因素。在追求财富的同时，获得社会认同和声望的心理同样驱动着人类经济行为。

作为行为的驱动力，人们的满足感绝不仅仅来源于消费效用，满

足至少来自于：①预期与现实的差距。②相对财富水平。③现在对比过去是否有增长。

关于预期与现实的差距问题。比如，在经济高速发展阶段，收入及房价高速增长，人们普遍拥有高收入预期，结果资产泡沫破裂，预期与现实的强烈反差，带来严重的负面作用；再比如一个人产生了一个与自身能力不符合的期望，结果也是一个伤心的故事。

关于相对财富水平，前文也进行了论述，也就是说你的满意程度或幸福感，与其他人的财富水平有关。比如一个在贫困国家比较富有的人，来到发达国家，他的优越感及满足感会受到严重影响，这就是人们比较财富产生的效用。经济学家经常谈论"相对收入（relative income）"及"相对剥夺（relative deprivation）"的重要性，对个体的幸福感而言，重要的不仅是他的绝对收入，还有其与其他人相比的相对收入。如果一个人获得了更多的财富，那么他的境况会变好，但如果每个人都获得了更多的财富，那么大家都是普通人。

所以经济增长最多只能解决纵向比较问题，也就是通过实现增长，让自己变得比过去更好一些，比如全球在近几十年来大大解决了食物问题（和历史情况相比）。经济发展只能在一定程度上促进幸福感，但是人们一旦不幸福，就会把问题归咎于宏观经济。

心理感受会支配行动，并引导这些观念成为现实，也就是社会学家罗伯特·默顿所说的自我实现预言（Self-fulfilling Prophecy）。如果人们无端相信银行即将倒闭，就会纷纷排队去提款，他们错误的直觉便可以创造出挤兑事实；如果人们相信股票会上涨，那么他们会去购买股票并真的推动股市上涨，这被称为股市的自我实现心理。

心理因素对于经济的作用十分明显，信心危机导致的金融危机，时至今日，这种现象不曾断绝。人们的非理性在于过分自信、损失厌恶、缺乏自控（即时满足）、短视等方面，个体的非理性造成了群体的非理性，人们在信心不足时会拒绝投资。

理论 17 经济问题需要通过提振信心、稳定情绪及调节预期，从而影响微观预期及群体经济行为。

现在，发达经济体的生产能力往往不再是主要约束条件，因为存量资本、技术、人力资本基本是稳定的、充足的。危机往往在于"交换"环节，也就是利益分配，蛋糕切不好，也会影响把蛋糕做大。问题往往聚焦于分配，因为人永远站在自己的角度思考问题，基本上都会认为责任在其他人，这是经济矛盾及社会矛盾的关键问题之一，其实也是心理问题。

不同地区，其社会心理也存在差异。西方倡导个人主义，以自己的意志为主导。而在日本，保持群体一致性，是宽容、自控的表现。人口规模及制度因素，可能是西方倡导个体、东亚倡导集团的两个影响因素。

2.1 理解"羊群效应"

人的行为基本上都会受到社会群体的影响，并表现出从众的特点，这也被称为"羊群效应"。你以为你的决策是自己的决策，其实不然，你时时刻刻受到社会观点、社会认同的影响。你选择的服饰，可能并不是自己喜欢的，而是你在考虑其他人的看法后做出的选择；人的经济行为同样如此。

单体的决策时时刻刻受到群体决策的影响，也就是说，个体的行为不仅仅取决于个体，更会受到社会观念、行为的影响。当个体受到群体的影响（引导或施加的压力），个体会怀疑并改变自己的观点、判断和行为，朝着与群体大多数人一致的方向变化。

资产泡沫往往与羊群效应有关，例如房地产、股票泡沫，缺乏认识会加剧人们的从众行为，一旦有一只羊跑起来，其他的羊也会跟着跑起来。

历史上多次的房地产泡沫，购房者原本是独立的个体，是个体"羊"，且不具备"信息优势"及"认知优势"。当市场有一定程度的房地产投资或投机行为时，其他的"羊"就会追随"领头羊"的方向，加入买房队伍，市场预期通过羊群效应得到不断强化，房地产价格逐渐偏离其实际价值。这个过程还刺激了银行的货币创造功能，所以，经济体在信贷管理上，要考虑群体的非理性因素。

股票泡沫的原理也是一致的，随着股票价格的不断上涨，群体中越来越多的人开始变得疯狂，不惜借钱投身于股市。做出疯狂行为的人，未必疯狂，比如周边的人都在负债买房或炒股，如果你还迟迟不动，你自己都会认为是不是错过了"巨大的机会"。

此外，人的行为（包含经济行为）是受权威及情境的影响的。关于服从权威，著名的例子就是德国军官接受了上级命令，屠杀了600万的犹太人。关于情境及角色对人行为的影响，可参照著名的"斯坦福监狱实验"，有两组志愿者分别扮演"警察"与"罪犯"，"警察"被告知可以做任何维持监狱秩序和法律的事情，一开始警察和罪犯还能微笑相处，随着时间的推移，开始的平静最终演化为警察虐待罪犯，有的罪犯精神濒临崩溃，实验不得不提前终止。这说明，当一个普通人被放在一个特殊的环境中，或者被赋予某种特殊的权利或身份，他都会根据新的环境产生相应的心理和行为上的变化。简单来说就是人的心理和行为不仅仅由性格所决定，很大程度上依赖于环境，一个温文尔雅的人，也会在某些情境下做出让人发指的行为。

经济的生产行为、投资行为、消费行为，基本都会受到"羊群效应"、服从"权威"等非理性因素的影响，这时候就需要"领头羊"做出清晰的判断，避免极度的狂热情绪，也要避免恐惧、悲观情绪的蔓延。

2.2　消除群体负面情绪

首先，你要理解，情绪与行动是一对孪生兄弟，情绪愤怒的人，会挥舞拳头、会呐喊，情绪高涨的人，会过于兴奋而忽视风险。经济的好坏影响情绪，情绪又会反过来驱动经济行为。当你心情愉悦时，你可能会消费得更多，当你没有安全感时，你会储蓄得更多。

人的情绪不可能永远处于乐观状态，也不可能永远处于悲观状态。与个体情绪一样，群体也有情绪，一个社会群体也不能总处于亢奋状态，悲观和恐慌也会是群体情绪的一部分。

情绪的力量是巨大的，尤其是恐慌情绪，它像海啸一样，能够轻易摧毁金融和经济体系。在金本位时期，经济体会周期性地出现货币不能够足额兑换黄金的情况，常常引发金融恐慌及挤兑；受到恐惧支配的投资人，抛售股票或房屋，导致资产价格一泻千里，就像1929年的美股股市崩溃，及1990年的日本房地产泡沫。

1893年，美国发生了铁路危机，群众恐慌造成了大批企业破产，这是美国有史以来第一次严重的经济危机。起因是美国铁路投资过热导致企业无法按时偿还银行贷款，这一铁路危机迅速向其他行业传染，银行接连倒闭，人们慌张地到银行去提取存款，我们在前文已经解释了，银行并没有那么多的现金，银行依赖的是货币创造，绝对不会有那么多存量货币去偿还储户，银行已经将创造的货币借给贷款人。两个月内，美国有超过8000家企业、156家铁路公司和400家银行倒闭。

在100多年后的今天，甚至90%以上的人们依然不明白银行的作用，依然不懂货币创造，依然会认为银行只是保管"钱"的地方，所以在 21 世纪，恐慌导致的银行挤兑依然有可能发生。

修复经济交易关系，首先要"修复情绪"，至少做到平心静气，防止负面情绪的蔓延，良好的社会情绪也是提高边际支出的关键，能够强化投资的乘数效应。

当经济陷入泥潭时，政府及学者都会提倡"重塑市场信心"。1933年罗斯福首次当选总统时在演讲中说："我们唯一应该恐惧的就是恐惧本身……我们遇到的问题并不严重，要有信心。"伯南克认为，银行业的恐慌对于宏观经济具有重要的影响，恐慌使人们失去理性的判断，作出减少货币支出、投资等避险行为，这对收入与支出互为一体的市场经济，无疑是致命的。在大萧条时期，犹他州的银行家埃克尔斯也面临着疯狂的"挤兑"，为了应对慌张的急于取款的储户，埃克尔斯谎称自家银行的现金就在美联储的运钞车中，这才增强了储户的信心，并让他的第一国民银行成功地度过危机。

信心的作用原理很简单：当经济人缺乏信心的时候，其决策一定是削减支出，但是自利的行为并没有导致市场有效，而是导致通缩以及价格体系的崩溃。扩大总需求的本质是提高商品交易发生的频率，即市场中买得多也卖得多，收入多、支出多。凯恩斯认为大多数的经济行为源自理性的经济动机，但也有许多经济行为受动物精神的支配，当人的动物精神和自发的乐观情绪消失，就会产生悲观乃至恐慌情绪。因此他建议政府通过鼓励、刺激投资支出，产生正向的乘数效应，去扭转缩减支出导致的负向的乘数效应。

在经济衰退时，如果每个人都着眼于货币，认为需要留存货币来抵御风险，这就出现了个体最优与群体最优的矛盾。每个人都留存货币的结果就是货币流转速度减小，由于每个人都是生产者，交换速度减小，每个人都是损失者。此外，个体行为是相互影响的，个体行为具有传染性，群体的情绪对于市场的影响也是不言而喻的。经济人的消费支出基于主观的价值比较，在不同的心理状态下，经济人支出的意愿并不相同（U 代表效用，P 代表价格），如表 5.1 所示：

表5.1　不同心理状态下的支出依据

序号	心理状态	支出依据
a	乐观	U/P 大于 1
b	正常	U/P 大于 2
c	悲观	U/P 大于 3

上述表格说明，乐观状态下，居民在 $U/P > 1$ 时，就会发生支出，说明市场的经济循环较快。当人们持悲观状态，居民在 $U/P > 3$ 时，才会购买同样的商品，这时，经济具有通缩的倾向。由于商品带来的效用存在不同程度的下降，国家应保证普遍的销售收入，避免大幅波动。政策刺激支出，要注重人们的心理状态与避险情绪，这也是产生不同支出水平的关键。

人在一天内的心理状态都不尽相同，社会心理在不同的阶段也会不同。负面的情绪会产生很多伤害，日本政府调查显示，日本 40% 的人存在孤独感。依据对各国青年的调查，超过 81% 的日本青年不看好未来，是最悲观的群体，而乐观者的比例仅为 8.3%。社会心理问题也是日本经济动力不足的原因之一。

因此，处理经济问题，需要缓解消除社会不良情绪，无论是贪婪、恐惧、愤怒、憎恶等。在经济不好的时刻，组织社会各类活动，例如饮食、体育、文娱等，可以缓解人们的不良情绪。

2.3　稳定市场心理预期

预期的变化是经济震荡的巨大推手。

预期是经济决策和行为的前提。大部分的经济行为和经济活动都基于预期,每个人的大脑每时每刻都在对未来做"推演",以形成最好的决策。比如人们在选择大学专业时,就会预期学科未来的就业前景;人们在创业开一家面包店时,也会预期每天卖出的面包个数;赌徒在开始赌博前,也一定是预期大赚一笔。这就是预期指导行为的作用。

预期来源于预测,每一分每一秒,大脑都在兢兢业业地接收着外界的信息,人们用这些信息在大脑内部构建起一个模型,并努力修补这个模型,使得它更加接近真实世界,更好地模拟真实世界,然后再基于这个建构出来的模型,对经济决策进行模拟预测。

2.3.1 预期的概念

预期是价值评判的结果,决定了企业生产什么以及生产多少,决定了居民消费与储蓄。如果企业预期投资利润率较低,则不会投资,人们预期未来经济形势变差,则会加大储蓄。学术上主要有两种预期类型:理性预期与适应性预期。

理性预期。当市场变量发生变化时,投资者能够充分意识到这些变化,并做出合理的反应。如按照理性学派的观点,刺激消费、减费降税没有任何效果。

适应性预期。人们根据以往的经验预测未来,例如人们通过历史通胀数据预测下一期的通胀水平。适应性预期将随时间的推移并根据以往的历史经验,而缓慢地做出调整。

支出与预期紧密相连,人们的支出安排不仅仅依赖于当下的收入,还依赖于整个生命周期的预期收入。整个社会的经济、财富不可能在短时间内大幅度增长,正如我们多数家庭的收入都是缓慢增加的或维持不变的。在缓慢增长下,消费占比不会有大变化,因为人们是根据收入预期来安排消费的。比如预期明年收入增加或稳定,今年可能会按揭买个车，这笔消费实际上是考虑到了今年的收入以及明年甚至后年的预期收入而做出的决定。

预期的重要作用体现为其是形成决策行动的关键，所有的经济行为都需要先决策，所有的决策都需要预期作为基础，预期是未来发生可能事务的提前判断，经济人通过预判最大化自身利益。在经济及金融活动中，预期因素始终贯穿其中，这些预期会形成理解，最后形成指导行为的想法。经济学中适应性预期的描述与实际情况较为贴切，经济主体会根据自己过去在做出预期决策时所犯错误的程度来修正在以后每一时期的预期，随后调整决策与行动；而理性预期较为理想化，按照理性预期的说法，人们会准确预测政策发布等事件，所以这类事件对市场不会产生影响，但从实际看，政策的发布或领导的讲话往往会造成市场波动，尤其是在发展中国家。

2.3.2 预期与现实的不一致

预期与现实的不一致，是市场波动的根源之一。

比如，在企业生产中，从开始生产商品到销售需要经历一段时间，企业预期下一年的市场需求及预期收入仍与今年持平，但是假设在下一年社会总需求下降，预期营业收入大于实际的收益水平，企业的营业收入及还本付息能力都会受到影响，且会传导到金融系统，这种预期与实际的不一致，会引发市场波动。

银行对信贷偿付的预期是金融市场稳定的基石。信贷活动更是建立在预期的基础上，信贷的合理预期是市场稳定的一个重点。银行需要对借款人是否能够按时偿付本息形成正确的预期，大面积的债务违约是致命的。而在现实中，信贷关系发生，到信贷关系结束，实际情况与预期因素都在持续发生变化。

在经济领域，企业、个人、金融机构的预期与现实情况往往难以一致,这导致过去的决策可能引发亏损,甚者破产,造成市场波动。例如,由于需求不足导致的经济衰退,信贷推动产生无效资产及大量债务,导致经济结构的进一步恶化。

过去经济发展速度过快导致的锚点太高,引发心理的波动,产生主观效用的波动,需要一段时间去调整适应。过度的刺激一定会产生后果,就是人们习惯了强刺激,而强刺激不可能持续,只剩狂欢后的落寞。乐观积极的态度和坚定的信心,是第一位的。

望梅止渴是一种心理预期,房地产泡沫同样是。人们预期房地产能够持续升值是一种假象,是房地产消费周期过长带来的一定的投资属性(价值随时间变化),只有在特殊的条件下,房地产才具备投资品属性。在一般情况下,房地产就是耐用消费品。对房地产错误的预期形成了错误的债务合约,"债务镣铐"锁定经济调整。在20世纪90年代前,日本人的房地产投资决策,是基于他们的收入会永远持续,甚至是温和上涨的预期而做出的,因为在过去40年的历史中,确实如此。但这个预期在90年代后被彻底颠覆,房贷需要按时偿还,但奖金和收入却在不停缩减,这导致了日本长达几十年的经济乏力。

生产者生产商品,大部分是基于销售预期,而不是真的接到了大量订单,这就是预期的重要性。当安全感下降导致预期降低时,生产作为经济的第一环节,就会出现萎缩。

例如,社会高速发展阶段,人们普遍有较高的预期,当泡沫破裂时,人们的希望破产,不满情绪自然而然产生。所以需要一个社会的阵痛期,需要有人去引导。长久不散的负面情绪会使实体经济受到真实伤害,本来没有经济问题,反而是人们悲观的情绪,导致了经济问题乃至经济危机。

2.3.3　引导民众的心理预期

预期与心理锚点息息相关。总是说日本经济失去了 30 年，那是大家将日本的经济水平锚定在 1980 年之前，当时日本似乎得到了世界第一的位置。过高的锚点是造成社会情绪和经济问题的因素之一，高预期（造成的预期差）也会降低社会的整体效用水平、幸福水平。

社会应该锚定一个合理的增长水平，引导大家设置合理的预期。有预期就有预期差，就算是经济发展得不错，但如果没有达到预期值，一样会产生痛苦。正如影片《至暗时刻》所讲述的，当时英国面临是否重返欧洲战场的艰难抉择，丘吉尔直面现实，坦率地承认英国面临着的巨大挑战，同时也坚定地表示："我们将战斗在海滩、战斗在跑道上、战斗在田野和街头。"这段话的作用，一是用于民众心理建设，让人们提高对困难程度的预期；二是告诉民众战争不可避免，让其产生必须战斗没有退路的预期。

引导社会的心理预期，一方面可以防止市场出现避险情绪，避险情绪会造成资产价格下跌等一系列严重的后果；另一方面可以减少社会预期差，这也是促进群体心理稳定、经济稳定的关键措施。

三、经济治理

经济的底层逻辑是"分工生产"与"交换消费"。

分工是生产的具体方式，分工要求经济必须不停周转，不然分工链或产业链上的单位就无法获取收入，不但会影响自身行业，还会产生负面的外溢效应。通俗地说，分工下的经济必须要卖钱，不卖钱是行不通的，"停不下来"也是经济的特点之一。

从总体上看，一旦分工生产与交换消费的循环出现问题，那么就体现为经济问题。基于经济的基本逻辑，经济调控政策的基本原则应该遵循什么？

调控经济的原则应该是稳定交易的发生、稳定商品循环速度，稳定的经济来源于稳定的生产交换关系。交换的发生有两个前提：一是企业正常生产商品，才有交易的物质基础，货币无法购买没有生产出来的商品，商品生产是发生交换的前提。给鲁滨孙 1000 万美金，他也难以在孤岛上购买到第二个"排球"。二是人们互相对其生产的产品感兴趣，每个人具备给他人带来效用的能力，才能够实现交换。透过复杂的金融经济体系，我们应分析经济问题是出在"生产端"还是"交换端"。

3.1 "生产"是经济的核心

市场指导经济活动主要通过价格体系以及预期利润，当行业存在预期利润不足或成本倒挂时，企业无法正常协调生产活动。经济行为基于价格信号等间接指令，如果指导生产的信号出现问题，则会导致企业生产、销售无所依从。

例如，小麦等农产品的种植，农民是以销量与价格作为生产决策的依据，而不是预估人口的实际消耗量。当然，正常的市场能够有效配置好农业生产，但如果市场出现失灵，则可能出现农产品生产能力充足，但由于农民无法获得足够收益而停止生产的情况，就比如大萧条期间，一边是农产品卖不出去，一边是人们忍饥挨饿。如果说一个经济体因为农业不盈利，而坚持市场调控，导致民众饥饿，却不依据人口的数量直接决定种植面积，这种坚持用损坏的市场来配置资源的行为就是"舍本逐末"。

生产是经济的核心，没有商品的经济就是无米之炊，任何手段也解决不了实物消失的问题。危机中企业破产带来的问题是市场上连商品都不生产了。应对大萧条，罗斯福采取行政指令的方式协调经济，他创立了国家复兴署、公共工程署，在特殊时期，这些机构可以根据国家的命令来管理整个行业的生产。当经济处于严重崩坏的时刻（价格无法引导资源配置），经济体需要采取一些特殊手段，及时止血，保障食品及能源的供应。

在把握生产活动作为经济核心的同时，需要关注，如果生产的商品无法被消化掉，则企业难以回款并造成经济循环堵塞，所以经济的消费问题同样是关键。

3.2 财政政策的重要作用

财政投资或政府引导的投资，能够在经济循环减弱的时候，在一定程度上保障经济转速。我们在前文解释过，经济转速减小是一种正常的现象。

应对经济问题，财政政策工具主要包括**项目投资、税收减免、转移支付**等，上述政策工具也可以混合使用。在经济疲软时，经济体往往会采取扩张性财政政策，用于止住经济颓势。

财政政策最大的优势在于能够直接投资于项目，一方面能够形成资产（固定资产与流动资产），而资产是经济生产的前提；另一方面能够形成社会收入，收入是消费的前提。

以扩大财政赤字的方式来应对经济下滑，是政府工具箱的必备工具。在美国大萧条期间，为扭转颓势，联邦政府实施有史以来规模最大的建设投资，包括水运、港口、防洪、公共建筑、高速公路以及机场建设等项目。全美各地修建超过 100 万公里的铁路、12 万座桥梁，美国还雇佣了300万人组成植树造林大军，去修补荒漠化的土地，一片从加拿大边境向南直达得克萨斯州布拉索斯河的防护林整齐排列。

明斯基认为罗斯福"大政府"的救市行动大幅抬升财政赤字，使得众多企业能维持利息支付，消费没有完全垮掉，"大政府"稳定了就业、收入，以及企业现金流。

日本是依赖财政工具的国家之一，依据辜朝明的观点，由于严重的资产负债表损害，即便日本利率为零，也没有企业愿意借贷，个人和企业一旦有收入，就会持续还债，每年数十万亿。所以财政刺激也必须源源不断，年复一年，以抑制通货紧缩的缺口，直到企业把债务还清。

经济泡沫破裂后的15年里，日本政府投入超过140万亿日元进行财政刺激，这对于日本避免陷入更大的萧条起到了关键的作用。20世纪90年代，日本的财政投入主要集中在基础设施建设、土地购置、公共工程建设等方面，进入21世纪，这些领域已经增长乏力，目前财政投资聚焦于中小企业、环保、教育、医疗等方面。

财政赤字也存在一定的问题，没有一个社会政策是"有百利而无一害"的。财政政策的问题在于，对于大众过度负债，使其中的少数人成为极富有阶层，而这部分人利用货币存量就可以衣食无忧；此外经济会对赤字产生依赖，一旦政府退出经济刺激，则经济会明显地再次陷入困境。

3.2.1 财政政策如何提升"有效需求"？

我们在第四部分讲到，有效需求不足就是投资支出不足与消费支出不足。

财政政策用于缓解整体支出不足问题，支出就是经济。从社会整体层面看，总支出等于总收入，财政在解决支出不足的同时，也是在

经济问题的本质

如何走出困境

解决收入不足问题。支出不足的具体过程是：人们获得收入（他人支出）后将大部分存了起来，没有用于消费或建设支出，你的收入是他人的支出，而你获得收入后，不再支出，则其他人无法再次获得收入。

财政政策是如何促进投资支出与消费支出的呢？主要是三个方面，分别为促进投资支出、促进消费支出，以及创造就业，这三者相互联系，你中有我，我中有你。

1. 促进投资支出

当市场情绪较低、商品技术增长乏力、债务积压等情况出现时，经济体的投资热情不高，造成"投资支出"有效需求不足，这就会导致两个方面的负面影响：一方面是新建资产不足。资产是生产工具，用于形成商品或促进商品循环。另一方面是降低居民收入。投资支出不但形成资产，还会形成居民收入（参与资产建设主体的收入）。

市场或企业的投资支出的动力是预期利润率的大小，而不完全取决于利率水平。利率是融资成本，是总成本的一部分。如果降低基准利率也无法实现合理的利润率，则企业投资还是无法发生；而在市场高涨的时候，提高利率水平也无法阻挡人们融资的热情。

在市场自发投资动力不足时，就需要发挥财政支出的作用，扩大社会总体投资水平。政府往往可以通过补贴等形式，开展一些收益不足或没有收益的项目，哪怕政府投资项目收益只能覆盖投入成本的50%。这等于向社会进行让利，但政府投资项目普遍具备正的外部性，能够有效增加社会整体福利，从税收等渠道反哺财政。因此，财政支出的建设项目，能够弥补社会总体固定资产投资不足，还能够增加居民的收入，这是增加居民消费的前提。

凯恩斯认为经济不会自己走出低谷，他主张政府运用财政支出解决经济困境。经济中缩减支出循环如果不被遏制，可能会自我强化，生产者和消费者进一步大幅削减支出，从而使经济形势更加恶化。虽然存在许多走投无路的失业工人以及闲置的工厂，但是需求、就业、产出和物价都处于持续下降的恶性循环中，经济将陷入通货紧缩陷阱，并带来长期的停滞。

在美国经济萧条期间，罗斯福的做法与凯恩斯的建议并无二致。为了抵御经济衰退，联邦政府已经特别加大了基础设施建设投入，一共修建了大约 92 万公里的高速公路、3.9 万公里的排水管道线、480 个机场、1.5 万所学校、780 所医院，以及政府大楼及法院等公共设施，这些具体的实物投资，拯救了当时的美国经济。

政府投资也具有一定的弊端，主要体现在三个方面：第一点是无效投资。凯恩斯也指出了公共无效投资的问题，由于政府投资往往是无收益或少收益项目，资产价值没有通过市场检验，难以确定项目是否具备长期价值。第二点是依赖性，也就是说刺激需要一直进行。1937 年美国为了抑制大规模联邦赤字，削减了财政支出，带来的是经济再次严重下滑、新增了 600 万失业人口的后果，直到联邦于一年后增加财政支出，经济状况才有所缓解。第三点就是公共债务堆积，加重政府负担，并进一步造成财富分化。

2. 促进消费支出

消费水平取决于居民收入、情绪、商品效用，增加居民收入能够促进消费支出。

财政政策有两种渠道增加民众的收入，第一种就是减费降税，这个政策工具比较好理解，例如在 2008 年 1 月，美国政府为了缓解居民整体的债务压力，批准了一项针对企业和个人的超过 1500 亿美元的减税计划。

另一种方式还是财政建设支出，也就是"以工代赈"，项目建设形成民众收入。让居民有钱，但又不能直接发钱，投资一方面能够形成资产，另一方面还能将钱发到劳动者手中，经济人通过工作获取了工资，收入促使需求提升，引发下一期支出。

例如政府发行 1 亿元债券，将债券的收入用来建设 1 亿元的固定资产项目，这 1 亿元形成了社会收入。建筑商、设计院、施工队从此项目获取收入，它们会再次进行支出，这就是凯恩斯所说的投资的乘数效应，这是财政支出刺激经济的逻辑，因为社会的总支出就是 GDP。增加民众收入，也要有配合整体的货币政策，一个经济体的货币结构不合理，居民也难以增加名义收入。

3. 投资创造就业

相比 GDP 统计数据，人们更加关心自己的收入与就业及生活质量。大量的研究指向了失业所带来的严重负面心理，经济问题会影响个人的自尊、自信，并向社会传染。

财政投资于项目，本身就是增加就业的行为。政府投资项目，建设施工涉及的产业链较长，能够充分吸纳各行各业的从业人员。

大规模失业是市场失灵的表现，失业人员的能力、价值得不到体现。欧洲有些国家面临长期较高的失业率，例如西班牙失业率常年保持在 13% 左右，多为 25 岁以下青年，这是对资源的极大浪费。次贷危机期间，就业前景对大学毕业生而言都很惨淡时，年轻人就决定继续留在校园里读书，实际就业水平还要低于官方数据。凯恩斯也鼓励采取财政投入策略解决就业问题，罗斯福执政期间的大规模基础设施建设，令失业率从 1933 年的 25% 左右下降到 1937 年的不到 15%。

在经济极度衰退时，政府应该成立就业委员会，吸纳社会中不同年龄层、不同技术特点的所有失业人口，这些人口具备创造价值的能力，可采取补贴等方式，让失业人口融入经济循环。

3.2.2　有效投资与乘数效应

投资支出需要对经济循环起到正面作用。

政府投资支出要想提振经济，关键在于提高投资质量（资金的有效使用），增大财政投资乘数。强调财政投入，是由于私营部门出于避险情绪减小投资，需要政府引导社会的投资水平，这一过程就向经济体注入了流动性。

政府的刺激政策，应该以让投资和消费良性循环为目的，避免产生投资依赖，也就是说通过财政政策调动经济体的积极性，让所有人转向有钱赚的预期，在一定程度上修复社会信心，产生"信心乘数"。我们认为，政府投资应该把握两个原则，一个是提高"投资乘数"，另一个是增强投资价值。总之，要在微观操作层面，从谁来投资、投资什么、投资多少入手，提高资金使用效率。

1. 提升边际支出率的投资

政府的投资需要带动社会的支出，政府的投资引导了社会边际支出倾向（MPC）的提升，初始增加的支出会带来第二轮、第三轮支出，这些是社会自发支出，而非政府支出。因此政府最初支出的 1 亿元的效果是（$1 + MPC + MPC^2 + MPC^3$）亿元，等比数列求和。产生的经济循环量是 $1/(1 - MPC)$，如果边际支出率是 0.8，则投资乘数为 5，乘数也表明了经济的本质是循环。

理论 18　在不同环境、制度、文化、社会心理的情况下，政府引导投资带来的 MPC 数值不尽相同。要着重提升投资带来的 MPC，如果 MPC 很小，则会带来难以消化的政府债务，且经济交易关系的修复也难以完成。

经济问题的本质

如何走出困境

既需要加大投资支出，也需要提升边际支出水平，需要微观作用，需要社会心理（信心）、文化、制度、激励、政府及各部门共同发力，这样才能够提高政府投资的有效性。如果政府投入没有产生良好的乘数效应，则政府投入支出最终还是成了少数人的收入，这部分人不会将收入进行投资或消费支出，只会作为自己的财富增值，这样不但政府负债的积极作用没有体现，还进一步拉大了贫富差距，加大了政府债务负担。

发挥投资的乘数效应，还需要加强投资的多样性。不能仅仅在单一领域及部门进行投资，要覆盖多个部门。如果政府总采取单一的投资方式，那么收入无法惠及所有人，总是特定行业的人获取收入，所以注重投资的多样性及投资的资金使用效率是关键。

2. 具有长期价值的投资

政府投资是长期的、微利的（甚至是亏损的），以整体利益为目标，而市场投资需要尽快地实现利润。

对于企业来说，它需要在一段时期实现收益，往往是短期的收益，也就是价值需要立马体现为利润。一个企业很难等 10 年后再开始盈利，而政府投资可以关注市场无法操作的、具备长期价值的领域，例如环境保护、基础学科研究、智慧基础设施建设等。

实物的价值是人们赋予的，在古代，稀土还不具备价值，因为在那时稀土还不具备对人的有用性，但是现在来看稀土的价值还在不断地上升。价值与收益是随时间空间转化的，当下有价值无收益的项目，在未来可能会提供丰厚的收益。你认为一瓶名贵的拉菲葡萄酒与一瓶矿泉水哪个价值更大？如果是在沙漠中，可能矿泉水的价值会更高。所以，商品的价值都是人们的主观评价，时时处于变化之中。一件商品在时间长河中变得对人没有价值，会在瞬间失去价格。政府投资契合实际需求的建设，统筹短期利益与长期利益，培育潜在的现金流。

重点是提高政府资金的使用效率，不能产生建筑垃圾等无效投资，这会加重债务污染以及自然资源浪费。以人类的科技手段，破碎一块巨石轻而易举，但将破碎的石头恢复原样，我们可能根本做不到，自然资源很多都是不可再生的。对于真正的环保投资，远期来看，其价值量非常高；而浮于表面的环保投资，是一种资金浪费。

总有人需要做经济投资的引领者，作为正向乘数的发起者，谁都不愿为了整体而首先牺牲自己，这时政府的作用就显现出来。

3.3　平衡财富分配

所有人都想拥有财富，而且是越多越好。

财富分配贯穿人类社会，拥有财富所有权的人，可以依靠财富衣食无忧，这样的人越多，他们就越能够控制资本，形成垄断，恶化公平竞争，进而造成社会问题。

有学者指出，美国在过去的 30 年里，财富分化越来越明显，上层群体的收入增长得最快，但底层群体的收入实际上在下降，富裕群体不会关心底层群体生活到底是怎样的。资本所有者不会为了整体经济发展而考虑，他们享受着相对财富带来的优越感，古代的英国君主或伯爵都会努力维持自身的资本水平及相对财富水平。有观点认为，富人担心强有力政府的存在，这样的政府有能力调解社会不平衡，并从富人那儿拿走一些财富用于增进整体社会福利。多数富人就喜欢"管的少"的政府，甚至是无政府主义。

平衡财富水平，并不是劫富济贫，也不是平均主义。与债务规模不足及过大都不利于经济一样，过分强调财富平衡和完全不强调财富平衡对于经济都是不利的。保证合理的财富结构，是确保支出循环的关键。当财富过度集中时，这部分群体的边际支出并不高，经济的循环会减速。

提供改变命运的机会，是社会最大的公平，要让任何人通过努力都有机会去提高收入与生活水平。

3.3.1 人力资本培育

如何提高居民的收入？

授之以鱼，不如授之以渔。对于缺乏实物资本的人，提升自己的人力资本是改变命运的关键，**让居民有钱的前提，是让他们具有资本，无论是实物资本或人力资本。**

根据国际经验，长期来看，大力投资教育是减少劳动收入不平等、促进经济增长的最好方式。政府应该加强对高等教育、职业教育体系的支持力度，并提供奖学金以确保穷人有机会受教育。此外，对于在岗及失业的群体，尤其是弱势群体，政府应为其提供在岗教育、继续教育等机会，持续提升他们的竞争力。

教育投资的回报率，要高于基础设施的投资回报率。但是也要因材施教，以及提高教育的有效性及质量，尤其是自然科学方面的教育。

因此，我们在注重实物资本投资的同时，也需要加强人力资本的培育，这同样是能够在未来产生收入的。

然而，人力资本培育这个过程是漫长的、消耗精力的，基于人们缺乏耐性、即时满足的特点，一方面，政府往往没有耐心做好不同年龄、不同阶层的人力资本培育，提供的培训往往流于形式；另一方面，人们缺乏提升自己、改变命运的动力，有一部分低收入者更希望沉溺在简单的快乐中。

商品通过交换才能形成GDP，然而因为少数人控制资本，多数人没有提供交换价值的能力，那么想让交换频率提高，必然需要中产或低收入阶层增加提供价值的能力，别无他法，然而这些人最大的财富就是人力资本。

一般来说，需要借债进行消费或购买住房的都是普通居民，这部分人只能靠人力资本来挣钱，这些普通群体透支未来会大大减小经济循环速度。

假设有 A、B 两方经济人，A 方控制着资本和技术，能够生产出大量优质产品，B 方只有廉价的人力资本，尽管 A 方的产品价值量高，但由于对手方 B 没有足够的异质价值量与其交换，因此 GDP 无法形成，也就产生了所谓的"产能过剩"。政策调控需要提升 B 方的实物资本及人力资本水平，使其可以产生足够的、异质的价值量同对手方交换，经济的循环方可完成。人们也需要充分认识到，必须主动学习，主动提升自己的人力资本，才能改变命运，才能够增加收入。

人们需要提供差异化的价值，也就要求培育不同行业的多元化人力资本。

理论 19 关于商品之间的交换，不仅需要价值量的等价交换，还在于不同类型的价值相交换，价值是异质的，同质的商品交换没有意义。

也就是说，交换的价值必须是异质的，你用土豆换取土豆，牛肉换取牛肉的意义本身就不大。

总的来说，如果取得了高水平的人力资本，就形成了对于其他经济体的占优。

3.3.2 工资分配改进

雇主与雇员之间，往往雇主能够获取更多的企业利润。

依据美国劳工联合会的报告，2021 年，标准普尔 500 指数成分股公司 CEO 的平均薪酬是其公司员工平均薪酬的 323 倍。你可能想说，工资是由劳动力市场决定的，但其实由于信息不对称、权力不对等，很难说员工是否获得了足够的收入，而且工会的作用有限。一个公司产生的收益如何分配，本身就是不透明的、不对称的、很难评价的；广大分散的员工，力量难以同时指向一个方向，一盘散沙，所以往往处于不利地位；企业雇主往往具备更强的收益支配能力，自身收益要远远大于雇员工资的总和。

企业如何更好地进行货币收入分配？第一，要将企业主的激励与员工的激励统一起来。例如制定员工持股计划，以及合理的分红计划。第二，尝试制度设计解决收入分配不均衡的问题。设置企业收入比例制度，例如企业主的分红不得超过企业总收入的一定比例，诚然，这个做法非常不"市场"，而企业主的高收入真的全部来源于自身创造的价值？我看未必，企业主往往可以借助于自身的绝对权力和支配权，获取更多回报。

劳动力市场、雇主与雇员的关系确实有待商榷，涉及到公平与效率的话题，需要找到更好的收入分配制度，平衡雇主与雇员的收入分配。

四、金融治理

近 40 年来，几乎所有的经济危机都是从金融部门传导而来的，金融体系的脆弱性积聚到一定程度会崩溃，并冲击实体经济。金融与实体深度绑定，企业所拥有的资产背后，可能会对应着银行负债。

如果完美市场存在，那么货币总量及货币价格（利率）对于经济不会有任何影响。但现实并非如此，完美的经济理论并不能很好地贴合实际，需要通过"货币政策""宏观审慎政策""金融监管"等手段进行金融治理。

4.1　金融服务实体

金融是实体的衍生，"皮之不存，毛将焉附"，金融服务实体经济是基本职能。

经济活动是处于不断变化之中的，金融发展也需要顺应经济活动、经济环境，通过金融治理更好地服务实体经济，提升实物资本、人力资本与技术水平。金融与实体的关系相当紧密，金融是实体的衍生，又反向作用于实体。

金融脱实向虚是危险的。经过 1929 年大萧条的深刻教训，美国实施了强有力的金融监管，比如 1933 年颁布的《格拉斯-斯蒂格尔法案》。在之后的几十年里，严格的监管让美国经济避免了严重的危机。

到了 70 年后的 1999 年，美国《金融服务现代化法案》极大地放宽了银行业、保险业、证券业的经营范围，允许设立金融控股公司来经营银行、保险等金融业务。**华尔街开始包装"金融创新"概念，通过创造监管者无法充分理解的产品，连哄带骗地赚取息差或手续费。一顿操作后，少数人攫取了社会财富，进一步拉大了贫富差距，最终过度的金融自由化导致了全球金融海啸。**

目前，学术过多地强调了金融与经济增长间的关系，以及货币与通胀的关系，体现了金融的重要地位，但是经济的实际主导是实体部门。**举例来说，是社会的商品生产能力搭配货币供应量决定了物价与通胀，也就是说充足的产品供应才是低通胀的决定因素。同时也是人们的生产活动衍生出了信贷及货币。**

在危机中，正常的企业遭受冲击后可能出现生产的停滞，没有充足的商品生产，就没有了交易的基础，过多的企业破产会引发通胀或滞胀。企业的现金流稳定，是企业正常生产的前提，金融需要保障有价值企业经营周转的资金需求。

受危机伤害的企业破产只是财务破产，并没有影响它实际的生产能力，应加快组织生产，保证必要的商品供应。在正常的经济环境下，企业经营保障还本付息都不是一件容易的事情，何况在宏观经济出现问题的时候。

当市场处于严重失灵的阶段，经济体没有必要在短期内仍坚持捍卫自由主义，事实上也没有一个国家是这么做的。商品生产停滞是经济"分工"导致的，有一个不被人熟知的成语叫"买鹿制楚"，这是2000多年前的故事，就是春秋时期古人利用分工生产的特性，实现的"经济战争"。

2007年出现危机的苗头后，美国金融监管机构鼓励银行在不降低审查标准的前提下，积极发放贷款，并与陷入困境的借款人进行合作，这也是维护实体经济的具体体现。

4.2　缓解存量债务矛盾

负债累累的主体，为何难以偿债？

因为人们是非常爱惜钱财的，所以当你借到钱后，用于花费很容易（形成其他人的收入），而还款确实是困难的。此外，还款依赖于借款人未来的预期收入，而收入无非来源于实物资本与人力资本，形成优质的资本，并不是一件容易的事情，因此，偿债也不会是一件容易的事情。

信用的出现创造出了普遍的债务关系，清偿债务是一个长期的事情。现代金融体系不可避免地创造过量债务，债务可以为新资本提供资金，尤其是房地产，所以与其说房地产是经济周期之母，不如说债务是经济周期的实质因素。

正是债务创造驱动了金融繁荣和泡沫破裂，也正是繁荣时期积压的债务，导致危机后经济复苏缓慢。

解决存量债务，也就是解决已经扭曲的合约关系。重组债权债务关系，会改变原有的利益关系。减小债务人的压力，就会损害债权人已经形成的权益。我们都明白改变既有的利益分配十分困难。

4.2.1 时间换空间

面对堆积如山的债务，时间换空间是不得已的措施。因为债务规模已经形成，不可能短时间偿还，借款人不具备产生足够收入的实物资本及人力资本。债务合约关系还绑定着金融机构的收入，也会影响金融体系的稳定性。

有些时候，经济问题早已出现，但是由于有更多的贷款去掩盖前期的债务，整个社会经济陷入了庞氏循环，然而这种方式具备一定的合理性，但债务问题最终会暴露。

缓解经济体的债务问题，可以通过调整债务期限结构和利率水平，在拉长时间线的同时，尽可能降低借款人压力，保障付息这个基本红线；建议保持债务余额稳定，甚至是温和增长，如果难以维持，建议至少保障不快速下跌。

4.2.2 债务转移

当企业或居民无法背负巨额债务的时候，就需要向政府转移。这种转移并不是直接的，而是通过政府加大负债，让社会获取收入用于降杠杆而实现的。可以看出，"一升一降"体现了对立统一的阴阳思想。

对于国内债务，在无路可走时，就是由全社会承担债务问题，通过央行适当稀释货币价值，缓解债务人的压力。这意味着有可能会损害债权人的利益，无论公平与否，没有人会愿意放弃自己的利益，何况有债务合约做支撑。

1991 年，日本泡沫经济破裂对企业资产负债表影响非常严重，非金融企业杠杆率从 1993 年的 148% 持续下行至 2004 年的 99% 才逐渐停止。与此同时，政府部门杠杆率从 1997 年的 90% 上行至 2004 年的 145%。从此处可以看到债务从私人部门向政府部门的转移。

与此同时，我们需要注意，政府过度负债也是具有一定问题的，会加大财政负担，扭曲经济结构，进一步减小财政政策操作空间。

经济体的央行可以消除本币债务，但难以消除外币债务，没有能力印刷其他国家的货币，因此外债危机比内债危机更加凶猛，例如墨西哥与泰国遭受的外债危机。

4.2.3　在发展中解决根本问题

我们要承认债务的积极作用，只要不是极端的债务滥用。健康的债务合约关系背后是经济交易关系，债务规模与经济规模需要同步变化。

经济发展是解决债务问题的关键，如何实现好的经济发展？撇开制度及政治等因素，好的经济生产需要更优质的实物资本、更优秀的人力资本、更先进的技术水平，这三个方面相互关联；此外，企业家精神，以及关于财富的分配问题也会影响经济发展。

4.3　信贷管理

信贷真正的内涵是：基于社会上的经济生产关系，服务于商品循环的货币创造。信贷管理同样也是货币管理，银行根据企业真实报表测算其还款能力，并给予相应的授信，信贷管理是一个经济体稳定运行的关键。

"有毒"的信贷，没有基于正常合理的经济交易关系，向无法实现回款的企业和个人发放贷款。信贷合约的健康程度决定了经济体的健康程度。

信贷活动体现了预期的重要性，有三个要点：一是债务人认为未来收入能够覆盖本息；二是债权人相信未来能够收回货币；三是债务人未来的客观销售情况决定了偿债能力。然而预期与现实的不一致，导致了经济的波动。

信贷的稳定是经济稳定的关键，确保信贷的安全需要分析项目还款现金流。明斯基将融资分为三类：对冲性融资、投机性融资、庞氏融资。对冲性融资中，企业的现金流能够覆盖本息；投机性融资中，企业产生的现金流只能覆盖利息，偿还本金只能用新增贷款；庞氏融资中，借款人连利息也无法偿付。经济扩张过程中，融资的基本态势是从对冲性融资向庞氏融资逐步发展。

伯南克也曾说过，美联储过度侧重于通胀及经济增长的政策目标，并没有将信贷的健康程度作为管理的重点，由此导致了次贷危机。我们总结，信贷管理体现在两个方面，第一个是管理总体规模，第二个是把握投向。

4.3.1 信贷总量管理

我们需要理解，信贷不是银行单方面创造的。

传统理论认为信贷是由银行创造的，但是如果没有借款人从银行借款，那么货币还能被创造吗？就像日本的资产负债表衰退，并不是日本银行不愿意放贷，而是人们不愿意借贷。弗里德曼认为大萧条是美联储的操作导致的信用不足，其实单单央行或金融机构不足以完全左右货币总量，是全体经济人的恐慌情绪导致的信贷收缩，也是全体经济人的兴奋导致的信贷膨胀。

信贷，需要匹配实际的经济交易关系，也就是匹配潜在的 GDP。信贷量与经济量是紧密的整体。经济产出有限，信贷也没有增长的空间；信贷量萎缩，经济也会缺少血液。通过管理信贷规模稳定经济的方式有：一是在信贷收缩阶段，为市场提供流动性。信贷收缩的成因很多，如果产品单位价格效用普遍下降导致需求不足，则问题的根源不在金融部门。如果系统性金融机构遭受冲击，中央银行可以通过向金融机构提供资金支持等方式，确保整个金融体系的流动性，进而保障生产企业的流动性。二是增强金融机构，尤其是银行的抗风险能力。在危机时期，银行会面临很大的压力，不良资产率上升。资本注入能够通过货币创造，缓解市场整体的流动性。次贷危机发生时，美联储与财政部讨论救助计划，它们都认为对于商业银行的资本注入优于资产购买。三是通过担保等方式，增强机构及公众信心。

欧文·费雪总结美国历史上最严重的数次危机，往往都是发生在信贷过度累积之后，例如 1837 年、1857 年、1893 年和 1929 年的危机，都存在私人部门杠杆过高的问题。

信贷促进经济交易的发生，为经济增长提供动能，但是信贷无法同步创造所有人的货币财富，这往往是经济人非常渴望的。在美国，需要每年 10% 至 15% 的信贷扩张，才能够保持经济增长。信贷向 GDP 的转化率确实不高，也体现了当下的经济增长难度。

私人信贷增长和政府债务投资，都可以促进名义经济增长，每一种方法在一定限度内都是积极的，而一旦过度就变得危险。政府可以决定自身的投资规模，但难以直接控制私人部门的借贷意愿。我们需要系统地确定多少信贷区间是合适的，什么样的债务结构是最优的。过分粗放的信贷会加剧不平衡，弱化未来支出循环。信贷泡沫把产业结构失衡、收入分配失衡、支出结构失衡等等这些矛盾一起掩盖了，一旦泡沫破灭，失衡问题露出水面，劳动力市场和产品市场都面临巨大压力。

借贷关系基于经济交易关系，信贷量是经济活动的衍生，人为地刺激信贷规模，必定遭到反噬。我们需要确保银行体系的稳健，还需多措并举管理信贷总量。可以通过政策工具管理私营部门的信贷总量，包含存款准备金、预期引导、业务规范、政府投资等。

4.3.2　信贷投向管理

在微观层面，信贷资金的使用效率决定了经济质量与稳定性。

1. 形成好的资本

信贷无论是形成良好的人力资本、实物资本还是科技资本，都是信贷相对健康的用途。

相比于信贷规模，信贷的健康程度是更重要的指标。信贷资金是否能够增加借款人收入？信贷合约背后蕴含的交易关系是否合理？债务人能否履约？这些不仅仅受到债务人自身原有预期的影响，还要受到整体宏观经济下单位货币价值的影响。然而总有多股贪婪的力量希望杠杆急剧增长，这样他们能够从中获取更多的收益。

银行能够把握信贷的流向。由于风险管理等原因，银行更倾向于给有抵押品或"大而不倒"的客户贷款，对于不确定性较大的、生产性投资贷款，银行的放贷动力不足。因此，增量资金往往更有可能流向房地产和金融投机，而不是流向小企业和制造业。

2. 合理的消费信贷

不新增资产的信贷，规模需要合理适度，比如消费信贷及资产收购信贷。

适度的消费信贷有助于畅通经济循环，中华古籍《管子》一书中的"侈靡篇"强调了消费的积极作用，20 世纪美国的货币涓滴经济学理论与其内涵基本一致。

然而，应该合理设置消费信贷比例，倡导符合自身收入水平的消费，银行也不应该给没有还款能力的人发放贷款。过度与不足都是不好的，富有的人过分节约对于市场不利，贫穷的人过分消费依然是透支未来的行为。过度消费贷款带来的是透支未来的、短暂的数量上的繁荣，这种方式难以持久。

信贷用于投资对比用于消费来说，最大的区别是创造了资本，借款人的资本能够生产商品，足够的生产是商品价格合理的保障，而且借款人投资得到的资本是换取未来收入的保障，而消费贷款对借款人没有形成资本。形成资本的信贷是相对健康的，纵欲式的消费信贷是在透支未来收入，有可能进一步恶化财富结构，推高资产价格，尤其在房地产领域。信贷用于消费，借款人需要在未来提供更多的人力资本供给。过度的消费信贷透支了未来。

3. 抑制过度投机

投机必须要加杠杆，穿透来看，杠杆往往来源于信贷资金，因为只有银行信贷能够创造出大量货币。

在次贷危机发生之前，美国发行了数万亿的证券化产品，这个数据就算放到今天也是巨大的，这些衍生品基本上是货币空转。可以说美国经济危机在于次级抵押贷款，更在于资产证券化的金融投机。20 世纪 90 年代，日本股市市值与美国相当，然而经济产出不到美国的一半。

金融关系的底层只有两种：股权和债权。这两种金融关系的区别在于权益让渡约定是非固定回报还是固定回报。发达国家的某些金融品种及活动，看似极度复杂，监管人员根本看不懂，还怕暴露自己专业能力不足，其实质最终还是空转，还是为一些投机者谋利。

比如信贷资产证券化，通过银行资产的出表，银行拥有了额外的信用货币创造能力，过大的信贷规模，将会导致繁重的利息支出。而且这部分形成的信用货币如果大部分是用于消费、资产购买、投机等活动，将进一步推高资产价格，尤其是住房价格，此外这部分信贷缺乏还款来源，一旦信贷发生违约，则银行将损失自有资本。

我们要高度警惕过度信贷资产证券化带来的负面作用。每一次从货币到证券再到货币，都会带来手续费，而没有新增的实物资产作为支持。借用资本论的公式，也就是跳过实物 W 部门，直接从货币 G 到货币 G，也就是俗称的货币空转。不断扩张的金融活动和金融创新在带来短期经济刺激之后，埋下了危机的种子。

对于整体市场来说，需要有人考虑长远的社会和经济后果。信贷管理是保障经济有效平稳运行的重要方面，如果缺乏监管，超额信贷及资产泡沫等问题将难以避免，因为金融从业者往往只会关注他们眼下能够获取的利润。

4.4 货币政策

中央银行是金融市场的枢纽，是一个经济体货币和金融体系的核心。央行的主要职能是维持温和的通胀水平，并以此促进经济增长，此外，维护金融稳定也是央行的重要职能，央行要尽可能地保证金融体系的良好运转，防止发生系统性风险，避免发生金融危机。

中央银行的货币政策是指为实现特定的经济目标，用来调控货币供应及价格的一些政策及工具。常规的货币政策工具包括：公开市场操作、存款准备金、再贷款与再贴现、常备借贷便利、利率政策、汇率政策、道义劝告和窗口指导等。

而当经济或金融市场出现比较严重的问题时，常规货币政策很难发挥出效果。例如 1999 年，日本将基准利率降为零去应对当时的互联网泡沫，然而收效甚微，于是日本在 2000 年开始采取非常规的货币政策，大量地购买中长期国家债券。近些年，很多发达经济体开始采用非常规货币政策工具，具体包括：量化宽松（大规模资产购买）、前瞻性指引、财政赤字货币化、名义负利率政策等。

其实，量化宽松作为非常规的货币政策工具，与公开市场操作非常类似。量化宽松一般会购买国债或信用等级与国债类似的证券，且规模非常之巨大；而公开市场操作是一种微调，金融机构可以通过向央行抵押高等级债券，获取一定的流动性，但规模一般较小。

本节主要讨论**财政赤字货币化**、**量化宽松**、**前瞻性指引**三种危机下的非常规货币政策工具。

4.3.1 财政赤字货币化

针对资产泡沫、债务危机等比较棘手的问题，经济体需要发挥央行最终贷款人、最终救市人的职能。探索财政赤字货币化，是应对经济难题的一种非常规措施。

财政赤字货币化发源于现代货币理论，可以概括为"央行发行货币为政府债务融资"。财政将利用央行发行的货币进行财政支出或用于核销存量公共债务，依据现代货币理论，政府债务没有理论上限。财政赤字货币化存在很大的争议，在一些经济体中，央行"印钞"为公共赤字融资是一项政策禁忌。"赤字货币化"确实是真正的印钞票，而不是信用货币创造，反对者认为这会导致严重的通货膨胀。

简单地理解，也就是在央行的资产负债表中，增加负债端的基础货币供应，并用这些新发行的货币购买财政发行的永续无息债，进行赤字削减，或进行项目投资等经济刺激活动。与一般债券不同的是，这种永续债不用偿还，而且没有利息。

我们认为，赤字货币化并不完全是"洪水猛兽"，不同的经济体的政策后果也不尽相同，需要具体考虑资源禀赋、产业规模与结构、人口规模等因素。例如发展中国家产业处于中端，产品供给者多如牛毛，总有人愿意提供低价获取货币，大量的企业数量及低价人力资本，导致其发生通胀的可能性小；而发达经济体处于食物链上层，依靠产品质量而非数量，供给数量能力有限导致其容易产生通胀。

值得注意的是：应针对实施实物投资项目的财政支出进行货币化，穿透看，也就是央行用基础货币直接进行资产投资；对于用于消费的或转移支付的财政支出，不应该广泛地货币化。

4.3.2 量化宽松

量化宽松与财政赤字货币化的边界很模糊。

伯南克认为美国的量化宽松不属于财政赤字货币化，因为量化宽松由央行独立决定，也没有涉及消除财政赤字与促进财政支出的目的，后续央行在合适的时候还会进行缩表。

我们认为，财政赤字货币化与量化宽松有三点关键区别：

第一点，量化宽松是为了调控金融市场量价（流动性及利率水平），财政赤字货币化是为了实施扩张性的财政政策。尤其在经济低迷时期，私人部门无意愿或无能力投资和消费，金融部门认为借债方信用过低也不愿意给予融资，这时就需要发挥财政的作用。量化宽松与政府支出不同，因为央行购买的是计息的金融资产，而不是商品或服务。

第二点，量化宽松的资金来源于央行的存款准备金，是商业银行上缴的准备金，作为央行的负债，也就是说央行的资产负债同时增加，净资产不变。但赤字货币化有可能通过"货币发行"解决，央行净资产是增加的，对比量化宽松，这会更加显著地增加通胀压力。

第三点，量化宽松一般从二级市场购买证券，而赤字货币化则通过一级市场购买。

两者最大的不同，我们认为是第二点，也就是央行的净资产是否发生变化。

量化宽松的作用是缓解市场流动性、解决期限错配，央行由最终贷款人变成最终做市商。对于层层嵌套的金融产品，金融深化程度较高的市场，量化宽松的作用是将市场"票据"或"证券"换成"现金"，避免由于资产所有人抛售资产支持证券 MBS，造成的金融市场资金紧张、金融机构破产，以及金融市场资金融通功能的完全丧失。

金融市场内，金融资产的流转体现在"现金"与"票据""证券"之间的循环关系上，例如债券的一级市场与二级市场，都是现金与债券之间的转换。在美国，金融机构要用现金去兑付到期或提前到期的证券与票据，金融机构过多的套利导致了自身的现金不足以及期限错配，市场机构用缺乏流动性的长期的资产，向美联储换取现金。

最具流动性的就是现金本身，向金融市场注入现金，就是保障市场的流动性。一般来说，高度金融化以及衍生品泛滥的地区，往往会遭受金融市场间的"钱荒"。造成金融市场流动性紧张的两个原因，一个是金融资产规模与基础货币之比过大；第二个是实体经济严重收缩，剧烈的负向货币乘数造成货币的减少。

病来如山倒，当金融市场处于水深火热之中时，需要采取一些猛药来止住颓势。伯南克确实是开了一副猛药，面对巨大压力，果断采取大规模资产购买计划。

具体来看，当美联储在 2014 年 10 月结束第三轮量化宽松时，三轮量化宽松计划下的净证券购买总额约为 3.8 万亿美元，其中美国国债约为 2.5 万亿美元，约占公众持有的美国政府债务的 37%。美国大规模的扩表行动降低了危机的破坏力，且国内广义货币并没有快速增长，其 M2 近十年的平均增速仅有 6%，与其长期的平均增速一致，所以让人担忧的通胀问题并没有发生。量化宽松并不等同于"印钞"，所以没有造成所谓的通胀，它对流通中的货币量并没有直接影响，它也不一定会增加广义货币供应，因为广义货币供应的增长取决于银行、企业和家庭的行为。

近些年发达国家的量化宽松，阻断了金融风险对于实体的风险传染，保障了应有的经济生产活动。

4.3.3　前瞻性指引

在一些国家，引导公众预期已经成为央行的政策工具之一，这种工具被称为前瞻性指引。央行以公告等形式引导市场对未来利率的预期，这种工具被伯南克列为低利率情况下的常规货币政策替代方案之一。

这种操作方式，就是前文所说的预期引导。目前前瞻性指引已经越来越规范，其重要性也越来越高。2001 年，日本银行发布的会议纪要显示，央行会继续将日本的长期利率维持在低点。这被视为最早的前瞻性指引，引导市场形成一个低资金成本的长期预期。

2008 年后，美国进入超宽松时期，前瞻性指引的作用越来越受到重视。一开始美联储指引的措辞相对保守，而随着时间的推移，美联储对于前瞻性指引的研究逐步深入，应用也越来越灵活。

五、如何实现好的经济？

乔治·斯蒂格勒（George J. Stigler），信息经济学创始人，认为经济学已经没有新东西了，但经济问题远远没有被研究清楚，因为它与社会、心理紧密联系在一起，我们对于社会的认知以及心理的认识还处于初级阶段。

与 50 年前相比，我们的生活可谓是天翻地覆，但大部分人仍然认为自己不够"富有"，这就是心理问题，是相对收入问题，而不是绝对收入问题。相对问题是无处不在的，在任何的发展阶段，通过对比，全球总能分成发达经济体、发展中经济体、落后经济体。

分析问题是为了指导实践。如何实现好的经济？我们初步列举了三个方面，分别是：发挥竞争机制、打造自然哲学体系、保护环境。实现好的经济不可能一蹴而就，需要久久为功、驰而不息。

5.1　良好的竞争环境

对立统一是事物发展的基本规律，在任何领域都适用。借用史铁生的一段话："假如世界上没有了苦难，世界还能够存在么？要是没有愚钝，机智还有什么光荣呢？要是没了丑陋，漂亮又怎么维系自己的幸运？要是没有了恶劣和卑下，善良与高尚又将如何界定自己又如何成为美德呢？要是没有了残疾，健全会否因其司空见惯而变得腻烦和乏味呢？"世界是对立的，并在对立中发展。

市场竞争也体现了对立统一的原则，且体现在方方面面。完全竞争的条件下能够产生最优的经济产出，这是经济学家能够达成一致的少数观点之一。但现实情况是，资本往往变得更加集中，寡头与垄断常常充斥着市场。

相互竞争的力量可以限制超额利润，但如果政府不能确保市场是竞争的，那么就可能产生大量的垄断利润。资本出于财富积累的动机，会限制利润用于消费，这会大大影响经济投资、消费的循环。

5.2　从零到 1 的科技研发能力

技术、人口、资本是经济发展的前提，技术发展才是保障经济增长主要的驱动力。

摆脱中等收入陷阱，关键在于从零到 1 的科技研发能力。毋庸置疑，中等收入陷阱本质上是受科技的制约，而不是受制于货币或财政政策操作，尽管它们确实影响经济增长，但都不是核心的问题。

摆脱中等收入陷阱，是"相对收入"问题。经济不但是实际值，其相对值的特征更加明显，个人的高收入是通过对比中等收入者而定义的，而国家的经济竞争力也是通过比较而实现排名。所以，经济更像是一种比赛，前几名永远是稀缺的，无论经济体量如何发展。

越高的技术含量基本代表越高的价值。**控制了技术，就控制了稀缺，也就能够有更优的定价权与利润水平**。观察人均收入较高的几大经济体，例如美国、德国、英国等，基本上都是具备一定的技术优势，良好的技术水平几乎让经济体的所有阶层收益。日本经济经历了所谓的长期衰退，然而它的收入仍然处于全球的前列。

随着时间的推移，科技的重要程度不但没有减弱，还在不断加强。经济竞争已经基本演化为科技和人才的竞争。此外，科技的作用是双刃剑，并不是说高水平技术就一定能够解决所以经济问题，比如人工智能会造成失业。科技只是必要条件，需要处理好科技价值与经济价值之间的关系。

5.2.1　自然哲学是一切实力的基础

军事实力、经济实力、金融实力，甚至是文化实力，都需要基础学科及科技水平作为支撑，科技的支撑则是自然哲学。

未来，有竞争力的科技基本决定了地区收入水平和发展水平。北欧的瑞士，尽管拥有比较少的自然资源，却享有很高的生活水平；而南美洲一些国家就像乌拉圭，尽管有很多的自然资源，但其人均收入仅为瑞士的六分之一。

有一种论调，说日本陷入了长期衰退。然而日本所谓的衰退，参照的是自己过去历史的高速发展，而在所谓日本衰退的时间里，日本在全球的经济竞争力依然很强，经济质量依然很高，日本依然是高收入国家。泡沫、财政赤字或货币政策并不是日本真正的问题所在，而是日本的基础科学、产业技术和企业体制未能适应时代需求的变化，这才是日本经济停滞的根本原因。因此，唯一应该坚持的，就是基础科学体系建设及科技研发能力提升。

我们已经解释，"技术水平"与"需求水平"息息相关，内需不足其实就是宏观经济的边际效用下降。一般来说，过多同质的商品会导致个体效用水平的下降。而内需不足，则是由于整体上商品的技术升级较慢，导致社会总的购买意愿减小。所以，经济增长往往爆发在技术革命后。

如果没有 19 世纪电磁学的发展，就不会有 1879 年电灯的发明，没有电灯出现就不会有真空二极管，也不会有后来的晶体管及现在的纳米级芯片。

5.2.2 从根本上思考问题是关键

现代科学发源于古希腊自然哲学，这片土地的智者以理性认识的方式看待自然，并最终为发展孕育出数学、物理等基础学科。自然哲学是一种思想的形态，并展现出强大的能量。

未来，经济体想要建立核心竞争力，首先需要建立一个从根本上思考问题的自然哲学体系，需要具备产生科技研究者的土壤。

如何培育基础学科的土壤？我们浅以为，主要基于两点，一是文化体系，二是教育体系。

关于文化体系。文化是生活的表现形式，是一个经济体的思维所想。文化是多元的，包容并蓄的。人是社会性动物，受他人眼光影响，当有一小部分人有兴趣进行自然哲学研究时，要让他们获得社会文化认同，获得价值实现。

解决资本与人口相对容易，资本可以购买，你不会生产光刻机，但是可以买到光刻机，人口不足，可以努力生育；但是你大脑里的认知，是谁也拿不走的，也决定了你的上限。

明朝时期，有一位伟大的哲人，王阳明。阳明先生"格竹子"的故事能够说明一些问题。1492年，20岁的王阳明陪父亲王华去了一趟北京，读到朱熹的理论，"天下万事万物都蕴含着道理，哪怕是一草一木，也蕴含着天道至理"，正好王阳明父亲的官署里面有很多竹子，王阳明想，按照朱熹的理论，那么竹子自然也具备自身的道理，他便去格竹子，所谓"格物致知"。白天他盯着竹子瞪到眼睛发直，晚上辗转反侧琢磨其中的哲理，结果三天下来，他没有悟到任何道理反而病倒了（思虑过度）。

只用眼睛去看，只能是光折射形成像，根本无法了解竹子的纤维结构，也不会发现光合作用，更不会理解"光"的波粒二象性，这些都是朱熹所说的"道"，自然的"道"。因此，需要用实验手段发现看不见的因果关系，例如万有引力、宇称不守恒等，这些原理不靠实验手段而仅仅靠悟是悟不出的，因为这是自然哲学不是伦理哲学。

关于教育体系。差异化的教育方式非常关键，一个经济体的科技人才储备，是经济竞争力的根本。你难以相信，有些国家将粒子的知识、火箭的原理等作为婴幼儿绘本读物，它们从幼儿园开始，培育本国人才的自然哲学的思辨能力。发达的经济必须要具备完整的自然哲学思想体系，这就牵扯到社会中的一小部分人，他们从很小的时候就具备这种思维方式，并将其作为终身的追求，在别人眼中"枯燥"的研究，成为他们毕生的热爱。

从根本上思考问题的能力，是自然哲学进步的钥匙。

5.3 将环境成本纳入价格体系

大自然的产物，都能够在自然系统中被消化，例如树叶或鲸鱼的尸体；然而人类生产的东西，很多无法被自然消化掉，比如塑料及电池。

1972 年，美国将大约 200 万个废旧轮胎投入到佛罗里达州东南部的一片海域中，这就是"奥斯本轮胎暗礁计划"，本质是不愿负担轮胎的处理成本。掩耳盗铃的美国，希望用这些无法处理的废弃轮胎形成暗礁，为海洋生物提供栖息地。结果自然完全无法消化人类生产的轮胎，它们在海里浸泡几十年，释放出无数有毒物质，14 万平方米海域中几乎没有任何生物可以存活，变成了"死海"，美国在几十年中损失的经济价值更是不可计量。

仅仅从经济角度看，污染会大幅度损害经济价值，已经成了最大的"灰犀牛"，而人们往往是短视的（没有纳入当期成本，企业就会视而不见），趋于即时满足的，我们对自身"懒惰"的纵容，置生存环境于不顾。

生态的成本非常高，但只是大自然来承担，没有纳入到社会的资产负债表的成本中。电池的电解液和重金属等危害元素能够污染土地和水源，一颗电池的价格相对于污染土壤修复价格来说九牛一毛，但是人们处理废旧电池的方式并不完善，污染造成的危害还需要政府投入进行修复。总之，对于环保，事前的管理要比事后的环境治理成本低很多。

经济产物的所有材料均来自于自然，环境污染不但会降低我们的生活质量，还会损害我们的生产资料，而我们根本不知道环境承受能力的临界点在哪。

生产最大的约束，或经济的根本约束是自然资源，是地球的承载能力。污染会腐蚀经济价值，而保护环境没有显性收入。从经济的角度看，自然资源在储量丰富时，其边际效用较小，可以理解为成本较小；当由于自然破坏等原因导致资源减少及不可逆时，其边际效用不断变大，体现为成本急剧上升。

环境与环保问题是严肃的经济问题。现在商品产生的废物及垃圾，具有极高的成本，然而并未体现在价格中，也就是说，商品的环境成本基本上由地球本身承担了，也可以说由地球上生物的后代承担了。

用经济手段来治理环境问题，我们需要将污染造成的经济价值损失纳入价格体系；或由企业方处理自身生产的所有产品，如果这些产品会造成环境问题，当然社会也可以委托第三方进行统一的回收；坚持污染者支付原则，污染者应该赔偿造成的损害，将人类生产的产品回收处理，纳入商业成本，厘清"责权利"关系。

此外，还可以借助税收手段，打击那些造成负外部效应的活动，制止损害经济长期价值的行为。政府需要对污染征税，向因石油泄漏污染海洋的石油公司征税，向化学公司生产的有毒废料征税。此外，造成水或空气污染（包括温室气体排放）的行为需要支付社会成本。

大自然中动植物的生老病死，终究在自然中消化；对于一些自然无法消化的人类产品，需要人类自己去完成消化。

第六部分　一些经济问题的探讨

　　人世间的悲剧，很多都源于利益分配。你去看看古罗马，它展现的是执政官、保民官、元老院代表不同阶层利益而斗争的历史画面。

近一个世纪以来，地球的人口增长和经济发展像乘坐了"火箭"，但这好像并没有带来更多的幸福与满足。

经济的特点在于循环无法停止，只要音乐仍在演奏，你就必须起身跳舞。交易速度的弱化或交易过程的断裂会对经济、社会造成巨大的伤害，就像钢铁厂的高炉，一旦点火就轻易不能停止，让高炉（经济）重新循环起来的成本很高。

其实，经济问题也不是那么难理解，无非是生产问题与交换问题。生产方面只有三个关键点，实物资本、人力资本、技术资本，当然还包含制度与文化等因素的影响；然后就是交换问题，这取决于商品效用及居民收入（相对财富）水平等方面，交换要求你提供他人需要的价值。

对于很多经济体，面临的问题往往是"分配不均"导致的交换难以进行。实物资本、人力资本、技术资本过度集中导致收入不平衡，富人需要的是更多的财富权力，而穷人并没有提供价值的能力（用于交换），经济难以形成。很多经济体被迫采取信贷刺激，但是过度的信贷带来了后遗症，通过债务危机损害了价格体系、金融体系等。

尽管市场并不完美，但在政府的协调下，这种经济运作方式大大促进了生产力和物质生活的改善。在未来，我们可以从底层逻辑出发，不断完善市场机制，让它为多数人服务。

我们最后对于一些经济问题展开探讨。

一、经济问题的本质

经济的核心在于"生产"与"分配"。

经济问题的本质

如何走出困境

如果无法生产高附加值的商品，几乎不可能产生高水平的人均GDP，也无法跨越中等收入陷阱；而如果经济体蛋糕分配不均，也会影响经济循环。

关于经济问题的本质，我们粗浅地将经济衰退及危机归结于支出不足（我们在第四部分详细阐述了导致支出不足的各种成因）。支出不足导致经济循环速度变慢，经济体无法充分释放生产力，企业及政府不得已采取降薪等手段，支出收缩还会负向加强，这就是社会上"钱"消失的通俗解释。所以，在企业发不起工资、政府焦头烂额保运转的情况下，需要提高"交换"频率、修复交易关系，加大经济循环速度，这样"钱"又会重新出现了。

关于经济问题的解决，我们认为核心是"修复交易关系"，这也是推动经济回到正常轨道的原则。经济的逻辑十分简洁，但伴随着人类情感、智慧思维的发展，简单的问题往往复杂化了，很多社会因素都与经济问题紧密相连。

经济与政治。政治与社会稳定是经济稳定的前提。

回顾历史，社会稳定并不是常态，战争往往对经济造成重创。从1500年到1700年，200年的时间里，欧洲国家间发生战事的时间占到70%以上；有学者统计，我国历史上的太平年代只占45%，汉末的群雄逐鹿、西晋的五胡乱华、唐朝的安史之乱，其造成的杀戮与死亡、其残忍程度远超现代人的想象；1991年至1993年，墨西哥的暴乱及政治刺杀事件让投资者望而却步，最终导致墨西哥比索贬值及资本外逃。

反过来看，经济争端又会导致政治的不稳定。国际纠纷、地区冲突，无论打着自由主义还是宗教的幌子，底层问题还是经济利益的纠纷与扯皮。匈奴为何要跟大汉过不去？无非是为了粮食和衣服。

经济与心理。财富，终究是脑海中抽象的价值评价。

所以，危机不单单是经济的问题，也是有关心理的问题。比如奢侈品的主要效用来源是优越感，越穷越缺乏优越感，这部分的边际效用越高，这也就说明了奢侈品对穷人具有更强的吸引力。未来，人们的效用将更多地聚焦于"价值感"与"相对权力"，因为人们都可以轻而易举地得到普通商品，反复在那折腾的就是"优越感"。本身没有那么大差别的食物或服装，通过各种包装手段，可能价格相差百倍，效用已经不在商品本身，而是获得社会认可，在于价值承认，在于相对权力。

此外，个人情绪调节对于个体生活很关键，而社会的情绪调节对于社会活动同样重要。群体情绪会传染，当群体情绪高涨时，人们的容忍度更高，购买欲望更高，使支出与收入快速循环，人们买得多，卖得也多，充分释放了生产力。

经济与技术创新。生产技术、方法的革新能够创造新的价值。

没有科技创新的经济不可能是强大的经济。比如，运动鞋生产企业的核心竞争力，应该是橡胶的化学配方等，这就体现了科技的价值。创新带来的新的价值、新的效用，这是企业产生利润的基础。创新与淘汰都是经济发展的组成部分，把资源投入更高质量的社会活动，必然会导致旧工作岗位被摧毁、旧企业被淘汰，重大的社会创新甚至可能改写整个行业，但同时也会创造新的工作岗位，创造新的企业。在一个经济体中，还需要企业家精神将这些技术转化为驱动人们行为的商品。

人们总在讨论日本的衰退及经济政策，克鲁格曼认为通货紧缩是日本经济困境的主要原因。其实从根本上来看，基础研究、技术创新以及技术方向问题才是日本经济问题的根本。科技水平追赶需要多少年？最少需要20到30年，也就是呱呱坠地的婴儿从一张白纸成长为一个科学家的时间。如果新生儿从出生只能浸淫于一种缺乏自然哲学的文化中，很难产生高水平的科研人员，则这个经济体很难取得突破性的发展。人最不能丧失的就是希望，只有对自然哲学的不断思索，才能够给人类带来希望的火种。

经济与金融。金融体系的效率及稳定性会迅速传导至实体经济。

金融服务实体的问题，关系到金融与实体相互作用下的价格体系的有效性，关系到实体获取足够的、价格合理的融资的可能性。这就涉及货币的供给量、货币量的结构、货币的投放渠道、信贷规模及利率等很多方面。

在近代，金融体系在大大提升经济效率的同时，也复杂化了经济结构，增添了经济的脆弱性。比如，基础货币与总量货币的比例失调，高杠杆而低比例的基础货币导致了金融的脆弱性加剧；再比如，货币财富所有权分化，以及债权人与债务人的责权不匹配，可能有少量债权人，而存在大量债务人，同时债务负担不平衡，这也增加了金融的脆弱性。

货币需要根据实体经济的需要动态做出调整。而每时每刻社会生产及总需求都处于动态变化之中，因此金融匹配实体并不是一件容易的事情。

经济政策两面性。信贷增长的正面效果很是明显，问题在于往往没有事物有百利而无一害，也没有哪一个事物有百害而无一利。

对于经济治理，一方面要避免理论与实践的脱节。制定宏观调节政策难就难在政策往往具备两面性，甚至是多面性。比如美联储是否救助雷曼兄弟，有观点认为，允许雷曼兄弟破产是一个"巨大的错误"，不出手救助触发了全球性的经济大滑坡；然而，如果积极救助，就会使金融机构放松警惕，更加助长它们的贪婪，套利更加有恃无恐。

另一方面，经济问题不单单是经济问题，要结合政治、心理、行政成本、激励、组织能力等因素通盘考虑，还需注重从历史中吸取经验教训。

二、放任自由还是政策干预?

"放任自由"与"政策干预"并不冲突,当一个经济体出现问题,既需要通过自身的免疫系统,也需要借助药物治疗来恢复。

一些学者认为干预影响了市场的自我恢复,他们理解经济应该像大自然一样,自我调整,像雨林、草原等自然景观,不需要人为过多"修剪"。然而,经济属于人文社会体系,并不是自然体系。倡导完全放任自由理念的人,必然是从自己利益出发,因为政府需要调控社会财富分配,这些人不希望政府影响他们持续地积累财富。

政策干预的难度比想象中要大得多。例如"熙宁变法",王安石的初心和理论逻辑可谓都是正确的,但是到了地方就完全变了味道,人性的贪婪扭曲了政策目的,良好的政策方针偏偏起不到好的作用。

再比如,政策也不能够生搬硬套。公元 214 年,刘备夺取益州后,为了打击巴蜀的豪强势力,诸葛亮严刑峻法,引起朝野人士的不满。刘备重臣、蜀郡太守法正用刘邦入咸阳"约法三章"为例劝诸葛亮采取宽仁的政策,他说:"你凭借威力,跨据一州,初有其国,尚未有恩惠抚慰人民。况且咱们是外来政权,作为客人,姿态应该稍微放低一点,缓刑宽禁,以合民望。"在这种情况下,公元 216 年,诸葛亮写了著名的《答法正书》,说明了政策要根据特定的社会环境制定,要具体问题具体分析,并不是一味地宽松或一味地严苛。

需求的衰退是自然现象,且难以观察。当衰退发生时,市场上的价格体系是人们在过去做出不准确预期的基础上形成的,此时的价格体系必定会发生调整。这时,就需要政府进行符合经济规律的干预,一是避免人们避险情绪的蔓延,尽可能地避免减少支出、裁员的情况;

二是保障系统重要企业的现金流，避免遭受冲击的企业丧失生产商品的能力。

在危机中，也没有哪一个国家真正放任经济自流。次贷危机和疫情冲击中，美国及欧洲政府的市场干预在一定程度上减少了危机的时长。具体来看，美联储采用降低利率、担保、接续贷款、购置资产等方式进行市场干预，这些措施使金融部门恢复的速度比预期要快。

同时，我们也应该看到错误的、过度的干预，起不到好结果。很多经济关系是极其隐蔽的，经济信息是高度密集的，频繁地人为干预，经济还未自我适应就需要做出新的改变。

三、危机对个人的启示

目前，人类已经掌握的飞上天的方式只有三种，分别是"变得比空气更轻""制造空气压差""向下喷射物质"，代表物分别为氢气球、飞机、火箭。

个人获取收入的方式也只有三种，即通过人力资本、实物资本、非法手段获取收入。非法手段包括：投机、赌博、盗窃、抢劫、诈骗等。

贫穷的本质，就是你无法获得足够的收入，而你无法获得收入的原因就是缺乏实物资本或人力资本。如果缺少资本，还妄想发财致富，那就会带来不必要的痛苦。当你无法提供有价值的人力资本或实物资本（我们假设技术资本内含于人力资本与实物资本），必然会陷入贫穷的境地。加强自身的人力资本需要投资和时间，所以，摆脱贫困绝非短时间内能够实现的，更非容易的事情。

获取货币或收入，需要提供人力资本或实物资本用于生产，参与生产商品获得收入，使自己更加有价值就是提升自身人力资本的过程。对于低收入者，更要做好理财规划及原始积累，你的存量货币，可以获取新的资产。

非法手段，意味着没有提供价值而直接获取货币。社会上如果存在了大量想直接获得货币的人，例如黑社会、赌徒、投机分子，那么这个经济大概率会出问题。人人都想变得富有，而且是越快越好，而可持续的财富之路，是人们通过人力资本和实物资本去提供商品或服务来达成的。

萧条对于个人的启示，主要有两点：

第一，谨慎地选择消费信贷。过量的消费信贷不仅仅是在透支未来的收入，而且是做了一笔大大的赔本买卖。从经济个体来说，你的资产包含人力资本和金融资本，你的负债是未来支出责任，包含你的消费贷款，透支消费会提高个人的资产负债率，使个人陷入债务困境。个体可以加强延迟满足训练，合理协调短期目标与长期目标。虚荣的过度消费，不但损害了个体的资产负债表，同时也恶化了整个经济体的资产负债表。

第二，千方百计提升自己的人力资本。未来，与科技有关的人力资本必定会大放光芒。必须要付出大量的脑力或体力训练，才能增强自身的人力资本，获得真正的优越感与自信。就像拳击手疯狂地训练，也是在增强自身的人力资本。总之，你需要让自己更值钱，能够给他人带来更多的价值。对比通过购买奢侈品获取优越感，更应该通过获取技能去获取优越感，比如流利的外语、人工智能、体育能力等。不断增强认知、扎实技能，就能够实现触类旁通。比如音乐、书法和篮球都有着共通之处——节奏，音乐的节奏是音的时长及力度，书法的节奏是笔画的快慢，篮球的节奏是运球、投篮发力的速度变化等。

四、结语

单一地追求经济超高速增长，已经不是一个好的政策目标，而且可能导致自然资源的浪费。一小堆陶土可以做成一个马克杯，而你想让马克杯还原成陶土几乎是不可能的。

GDP 根本不是生产能力决定的，生产需要通过交换转化为 GDP，增长快的国家一般是在补历史欠账，例如战后的日本与现在的印度。GDP 统计的是价值，是比较价值。随着发展，你会发现很多产品产量不变，但是形成的 GDP 在不断变小，它受边际效用递减规律的影响。

到底是追求经济增长还是经济发展？到底是追求经济规模还是经济与自然和谐共生？我们反思，经济增长的同时，人类的幸福感并没有明显增长，反而是带来了焦虑、内耗、抑郁等负面心理。经济增长，更应该是价值的增长。总的来说，经济的增长会受到边际效用递减的影响，也会受到环境的约束，我们不能完全屈从于 GDP 至上主义。我们已经看到，GDP 只是一种测度，它不能精准反映大多数公民生活质量的变化，人们更加关心收入水平和生活质量。

在本书的最后，我们再次提到修复"经济交易关系"的基本原则。无论是政府投资、货币政策，还是培育人力资本、倡导主动通胀等手段，最终还是要促进经济体形成自发的、健康的商品循环。政策是手段，并不是说哪一种政策就一定能够修复经济交易关系，就比如小布什政府时期推行了三次大规模减税，结果并没有很明显的成效。

总之，我们要把握问题的本质，要真正做到具体问题具体分析。